破阵

伊清川 著

北方文艺出版社

图书在版编目（CIP）数据

破阵 / 伊清川著. -- 哈尔滨 : 北方文艺出版社, 2024. 8. -- ISBN 978-7-5317-6358-1

Ⅰ. C912.11

中国国家版本馆 CIP 数据核字第 2024HE4808 号

破 阵

PO ZHEN

作　者 / 伊清川
责任编辑 / 邢　也
封面设计 / 末末美书

出版发行 / 北方文艺出版社
发行电话 / (0451) 86825533
地　址 / 哈尔滨市南岗区宣庆小区 1 号楼
印　刷 / 江西省和平印务有限公司
字　数 / 150 千
版　次 / 2024 年 8 月第 1 版
书　号 / ISBN 978-7-5317-6358-1

监　制 / 黄海香
产品策划 / 张芮宁
制　作 / 陈孟钰　邓涵丰

邮　编 / 150008
经　销 / 新华书店
网　址 / www.bfwy.com
开　本 / 710mm × 1010mm　1/16
印　张 / 13
印　次 / 2024 年 8 月第 1 次印刷
定　价 / 58.00 元

目录

第一章 合纵连横·学会表达是基础

第二章 运筹帷幄·思考方式很重要

第三章　力挽狂澜·解决问题是核心

第四章　破阵·权谋的顶级运用

破阵

洞察古今权谋术

领略生存智慧经

第一章

合纵连横

学会表达是基础

破阵，顾名思义，指击破敌阵。生活和职场中所面临的问题与困境总是层出不穷，想要解决这些问题、走出这些困境实现破阵，在大多数人的认识里是件很困难的事情。然而在先秦时期，曾经有过这样一批十分可怕的人物，他们仅仅凭借一张嘴，就能改变天下的局势，实现各自的破阵。他们一个人的力量胜过十万雄兵的力量。可见出色的语言表达能力，是一件多么有力的武器！

可惜的是，当代却很少有人拥有这样的语言表达能力。有些人甚至害怕当众表达自己的观点，更别提让别人认同自己的观点了。因此，无论是在职场，还是在其他的社交场合，表达能力较弱的人无疑会处于天然的劣势中。那么该如何提高自己的语言表达能力并成功破阵呢？让我们从这些“语言艺术家”的身上寻找答案吧！

1 单枪匹马 烛之武

——金字塔的基本原理

通过语言来说服其他人，是我们在日常工作与生活中，需要经常面对的事情。然而事实上，很少有人能够将自己的观点完整清晰地表达出来，又或者即使已经表达清楚了，听者仍然不为所动，更不要提利用语言破阵了。

如果想让自己的语言更有条理，更有说服力，那么利用金字塔原理表达观点就是一个非常实用的方法。金字塔原理到底是什么？我们又该如何运用金字塔原理进行破阵？下面这个故事将会给你答案。

经典案例

春秋时期，晋文公联合秦穆公各自派兵驻扎在郑国土地上，欲攻打郑国。理由是郑国的郑文公以前得罪过晋文公，后来依附晋国的同时还和楚国有牵扯。

郑文公一看这情况，觉得郑国危在旦夕，只能期望有一个人能去说服秦穆公，让秦国退兵，于是他找来了老臣烛之武。

烛之武当晚就偷偷去了秦国的军营，同秦穆公说："秦晋联军已经包围郑国，我们也知道自己没有任何胜算。但问题是，郑国灭亡对秦国有什么好处吗？要是真有什么好处，我今天就不会来找您！"

秦穆公一听，当场就来了精神，紧接着烛之武又说："您想啊，如果你们秦国与晋国瓜分我们郑国的土地，秦国距离郑国很远，就算分给您土地，您怎么管理？你们秦国出兵出钱却没有得到实际的好处，反倒是壮大了别人的势力，倒不如，放弃攻打郑国，便可以多一个盟友。以后你们秦国的使者路过我们郑国，我们必定尽地主之谊，给予优待，这不好吗？

"而且，您曾经有恩于晋国国君，他还答应给您土地作为回报，但他继位后立马出尔反尔，在边疆修建城墙防御，背信弃义，这些您都是知道的。晋文公这个人很有野心，他现在攻打郑国，回头要是还想继续扩大自己的地盘，是不是就要轮到秦国了？所以，您还打算和晋国联合吗？"

听完烛之武的话，秦穆公觉得非常有道理，于是决定退兵并与郑国结盟。而晋文公一看秦国撤兵了，自己独自攻打郑国损失太大，也就跟着撤离郑国了。

最终，郑国就靠着烛之武的一番话，解除了危机。

这个故事出自《左传》，烛之武之所以能够说服秦穆公退兵，是因为在说话前用金字塔原理梳理了自己的思路，从而让秦穆公接受他的观点，实现属于他的破阵。所谓金字塔原理，实际上就是一种逻辑思路、表达方式。

在现实生活中，别人听我们说话，其实是一件非常复杂的事情。即使你要表达的观点不过几百字，别人也要听完你说的每句话后再理解，并且还要思考每句话之间的联系，是需要经过反复思考的。

如果你的思维呈金字塔形，能从顶部逐渐向下展开叙述，那么对方便会觉得你说的话非常容易理解，从而跟上你的思维节奏并相信你的观点。

那么如何利用金字塔原理，来厘清我们的思路呢？

首先，结论先行，自上而下

众所周知，金字塔尖是最精华，也是最精巧的部分。在我们的思路中，结论就是我们的金字塔尖，提出总结性的观点便是我们厘清思路的第一步，金字塔的搭建也由此开始。

例如案例中的烛之武，他的金字塔尖便是：和晋国一起攻打郑国，对秦国没有任何好处。一句话就切中了秦穆公的要害。

听众只能一句一句地理解你说的话，从而理解你要表达的思想，他们会在脑海中假定你说的话存在着某种逻辑关系。所以如果先提出其中的逻辑关系，然后再一句一句地展开，听众就可以在倾听中主动寻找你说的每句话的共同点，将你所要表达的思想归类组合，并向你提出的逻辑关系靠拢，这样就更容易理解你的观点。

听众的理解能力千差万别，你说出的话在他们的脑海中，很容易变成另外一种意思。虽然你可以反复强调你的观点，让听众做出跟你一样的理解，但是会大大增加理解的负担与提高理解难度。

举例说明，如果烛之武换一种表达顺序去说服秦穆公。

“大王，晋国答应给您的土地是不是还没兑现呢？现在秦国和晋国一起来攻打郑国，即使瓜分了郑国的土地，秦国距离郑国很远，您怎么管理？”

同样的内容，当表达顺序变了之后，听众就会自动尝试建立这两句话之间存在的逻辑关系。然而实际上这两句话是没有逻辑关系的。

如果你是秦穆公，在倾听时可能就会想，“他这是在告诉我晋文公不讲信用，或者他是想挑拨我和晋文公的关系”，甚至还会想，“我是不是要考虑如何管理攻打郑国后获得的土地？”

也就是说，在找不出逻辑关系的情况下，你就会调整自己的思路，先把这两句话都记下来，准备听烛之武后面的讲述，再思考其中的逻辑关系。而这对你来说是非常辛苦的事。

随后，烛之武又继续对你说道：“大王，晋文公很有野心，他现在攻打我们郑国，转过头就会攻打秦国！”

然后你又陷入了思考：“这人到底要表达什么意思呢？他好像还在挑拨我和晋文公的关系！他是不是想让我跟晋文公打一架，最后落得一个两败俱伤的结果？”

烛之武看着一脸蒙的你，只能继续说道：“所以，您就别攻打我们了，这样我们还能念着您的好，到时候您再来郑国，我们还能好好招待您，这不好吗？”

听完这句话，你基本上已经可以确定，这人就是想坐山观虎斗，而且还拿出利益诱惑你！你身为堂堂秦国的国君，怎么可能上这种小人的当？

最终，你决定把烛之武推出去斩首示众，第二天和晋文公一起进攻郑国。不久后，郑国被灭，你和晋文公满载而归。这就是没有用金字塔原理表达观点的悲惨后果。听众在听你说话的时候，大脑总是在自动寻找一个能够把你提供的所有信息联系起来的框架，如果你没有主动抛出，那么他们就会从自己的角度去寻找。

而为了让听众思考出来的框架，和你希望他们理解的框架是一致的，你就必须提前把这个框架的金字塔尖告诉他们。这样他们就会在你的话语逻辑中，自动构建起你所希望的框架，否则就会造成不必要的误会与麻烦。

其次，总结概括，自下而上

我们在表达观点的时候，一定要“自上而下”；而在梳理思路的时候，要学会先将所有的信息进行抽象概括，再“自下而上”地整理。

接下来我们代入烛之武的角色，在去秦国军营前，先梳理与我们掌握的所有信息。

1.秦国和晋国实力强大，郑国与他们对抗，无异于以卵击石。

2.秦国距离郑国很远，秦国并不能有效管理攻打郑国后得到的土地。反倒是晋国接管郑国土地后实力大增。

3.秦国如果放弃攻打郑国，那么郑国可以和秦国保持良好的关系，也可以为秦国提供一些便利。

4.晋国国君言而无信，答应给秦国的土地至今没给。

5.晋文公在秦晋两国边境处修建城墙防御。

6.晋文公这个人有野心，灭郑国后，很有可能进攻秦国。

7.如果秦国撤兵，那么晋国不可能独自攻打郑国，因为独自攻打郑国的损失太大，所以晋国也会跟着撤兵。

梳理完金字塔最底层，我们就可以向上搭建了。

首先，1是我们的实际情况，7是我们要达到的目的，所以这两点记在心里就好，不需要纳入金字塔体系中。

其次，2和3是从正反两面进行的分析，两者是可以组合在一起的，都直接表明秦国攻打郑国没有任何好处。

然后4、5、6则都是针对晋文公提出来的，表明晋文公不可信，间接表明秦国与晋国联合是与虎谋皮。

当我们想明白这些之后，金字塔的中层也就搭建完毕了。

最后，将“直接表明的”与“间接表明的”归纳总结，就不难得出：秦国和晋国攻打郑国，对秦国没有任何好处！

这个自下而上的金字塔搭建思路，不仅层层递进，还相互关联，最重要的是，它最终表达了唯一的思想主题。

因为我们构建金字塔，是要将所有的思想进行归类概括，直到没有可以相互关联的信息为止。所以我们每一个信息点都必须被最终的主题所囊括，并且对最终表达的主题有支持和解释的作用。而这也就是不将第7点纳入金字塔体系之中的原因。

注：本节中的“自上而下”与“自下而上”实际上都是金字塔逻辑中的“自下而上构建方法”。这里的区分只是思考和表述上的不同，因为本章内容都是以“总结概括现有的信息”为核心，与后文中的“自上而下构建方法”完全不同，这点需要读者们注意辨别。

职场案例

某公司有A、B两个互相竞争的项目组，两个项目组同时在争取一个重要的项目，A组组长对此十分苦恼。因为从各个方面看，B组的条件都更适合这个项目，并且B组一直以来都在打压A组，所以如果真的让B组拿下了这个项目，那A组组长便无法在公司立足，A组也极有可能被解散。于是A组组长让组里的员工小王去向B组说明情况，想让B

组放弃对这个项目的竞争。

小王作为普通员工，人微言轻，直接去找竞争对手，让对方放弃即将到手的巨大利益，显然是一件非常困难的事情。而且他掌握的信息，也只有以上这些，面对这种棘手的情况他该怎么办呢？

案例分析

根据经典案例烛之武的故事，我们首先要做的就是梳理能掌握的信息，构建金字塔最底层。

1. B组有实力，对A组一直打压。

2. 公司设立两个项目组，是为了保持内部竞争。

3. B组很有可能拿下项目。

4. B组拿下项目后，A组极有可能被解散。

5. B组放弃项目，两组趋于平衡，A组得以继续存活。

金字塔的基础就是这些，下面我们来向上搭建第二层。

首先，把1、2、3结合起来看，得出：在公司的竞争中，A组是无法对B组构成威胁的。

其次，把4、5结合起来看，得出：B组拿下这个项目会彻底打垮A组；但放弃这个项目，不会影响B组在公司的地位。

然后，在第二层的基础上，我们继续向上总结第三层。

结论只有一个，那就是我们这个金字塔尖——B组拿下这个项目后，会打垮一个对它根本无法构成威胁的A组，然后公司则会为B组准备一个更有威胁、让B组无法掌控的新A组。

搭建好金字塔的小王，胸有成竹地来到了B组赵组长的办公室，面对对他带有敌意的赵组长，小王首先抛出了自己的观点，将对方的注意力牢牢地吸引住：

“赵组长，您是想要现在的A组还是想要公司给您安排一个完全不了解的新A组呢？”

赵组长对小王的话自然有些摸不着头脑，但他清楚地知道，现在的A组是无法与他抗衡的，如果换成不可控的新A组，那他以后便会压力倍增，于是不由得提起了精神。

“什么意思？”赵组长问道。

小王又道：“赵组长，您知道，我们组一直都竞争不过你们组，公司的好资源也都给你们B组了，我们也知道这都是凭您的实力应得的，我们无话可说。但这次的项目，我希望您能交给我们组来做。”

“这不太好吧，我们毕竟是竞争关系，不能讲个人感情……”

“这我知道，但您想，B组没有这个项目还能留在公司，有了这个项目，顶多就是锦上添花，这个项目对我们组却是生死存亡的关键！如果公司真的把我们A组解散了，公司为了保持竞争，肯定还会成立一个新A组，那您可就被动了！”

一听这话，赵组长有些犹豫，陷入沉思，小王随即乘胜追击：

“反过来看，您要是让我们A组拿下这个项目，不仅可以让您继续留有一个不具备威胁的竞争对手，我们A组也会记得您的人情，以后在别的项目上，还能帮您的忙，何乐而不为呢？”

于是，小王成功说服了B组组长，让A组拿下了这个重要的项目，也因此在职场中迈上了一个新的台阶。

章节总结

1.所谓金字塔原理，实际上就是一种逻辑思路、表达方式。在思考时要“自下而上”，通过基本信息向上推理，并指向一个结论。因此，你的金字塔中，每两层之间都存在紧密的逻辑关系，从而构成一个严密的逻辑体系。

2.表达时要“自上而下”，先将结论抛给听众，这样你接下来的每一层的信息，都是对这个结论的支持和佐证，如此一来就可以不断强化这个结论，达到让对方理解且信服的目的。

2 六国相印 苏秦

——学会归纳分类

通过烛之武的故事，我们已经了解到金字塔的基本原理，但想要构建一个属于自己的金字塔，还有一个非常重要的问题，那就是如何把现有的信息有逻辑地归纳分类，并以此来搭建金字塔，实现语言的破阵呢？带着这个疑问，来看一看苏秦的故事吧！

经典案例

苏秦的老师据说就是那位大名鼎鼎的鬼谷子。苏秦这辈子最大的成就，就是在战国时期，挨个国家地跑，然后把这帮国家的大佬都联合起来，一起挤兑日渐强盛的秦国，史称“合纵抗秦”。而他自己则身挂六个国家的相国官印。这就好比当代一个职业经理人，同时在六个中型企业担任CEO，带着他们一起对抗一个大公司，其职场能力可想而知。

苏秦在一群老板之间反复横跳，难免会有人说他对老板不忠诚。于是其中燕国的老板就恼了，不愿让苏秦继续担任CEO。无奈之下，苏秦只能赶紧回到燕国，与燕王解释这件事。

苏秦说：“大王，您知道曾参不？孔子的学生，特别孝顺的一个人！别人说我不孝，那我就像他一样，天天守在我爹妈身边！可要是那样，我怎么能来到您这，帮您拯救这个处于危困中的国家呢？

“还有，您知道伯夷不？特别廉洁，特别忠诚的一个人！别人说我不忠，那我就像他一样，为了守节饿死在首阳山上！可要是那样，我怎么能帮您跑到齐国，要回您的地盘呢？

“还有尾生，特别守诚信的一个人！为了守住跟别人的约定，抱着桥柱子淹死了，别人说我不守信用，那我就像他一样！可要是那样，我又怎么能帮您说服齐国的军队退兵呢？

“哎……所谓的忠信，不能真正地解决问题啊！”

燕王一听，觉得好像真是这么回事儿，所以就继续让苏秦担任燕国的CEO，而且薪资待遇还比以前高了不少。

从这个故事不难看出，苏秦是用了三个历史名人的例子，来佐证自己的观点。而这三个例子，也就是他构建金字塔的基础。

曾参的故事，说明了一味地坚守孝道，是不能让他远离家乡来到燕国的；伯夷的故事，说明了只知道死守气节，是不能让他去齐国要回地盘的；尾生的故事，说明了盲目地遵守诚信，是不能让他解决实际问题的。所以，苏秦让燕王明白了能解决问题的人，不能一味遵守那些世俗的道德。

必须肯定的一点是，苏秦能用三个历史名人的例子去说服燕王，其中的语言逻辑是我们可以学习的。

归纳分类，要找出共性

也许你在此之前，并不了解曾参、伯夷、尾生的故事，但是通过上文苏秦的话，你在以后的学习和生活中，很有可能见到他们其中一个人的名字，随后就会想到另外两个人。因为这三个人的故事结合在一起，可以说明一个道理，这也就是这三个例子的共性。

人类的大脑在接收信息时，总是会不自觉地对某两种或者几种信息进行自动归纳和分类，并试图将其组织起来，便于自己的记忆和理解。而完成这一操作的根本，就是寻找信息之间存在的共性。

比如，试着迅速记忆下面这几个词：

西红柿　菜刀　油烟机　鸡腿　电冰箱　胡椒粉

虽然第一时间看上去一头雾水，但是你依然可以很快地找到他们之间的共性，从而进行分类。

首先，“菜刀、油烟机、电冰箱”都是生活用品，而“西红柿、鸡腿、胡椒粉”都是食材。

那么在此基础上再进行归纳，你会发现这两大类都与厨房相关。

如果你已经想到了这些，那么你也就学会了金字塔基础信息的归纳分类方法。

再回到苏秦的故事，正是因为苏秦举出的三个例子，都是已经被他进行归纳分类处理过的，所以当他说出观点时，便为燕王省去了在大脑中归类信息、寻找共性的工作，因此才更容易让对方理解，并成功说服对方。

归纳分类，要有逻辑关系

在对信息进行归纳分类时，除了上述的抽象概念分类，还应当寻找每个信息之间的逻辑关系，即在横向看金字塔时，每一层的信息都是属于同一个逻辑层面的。

换句话说，就是同一层的信息，都是可以被上一层的结论概括总结的。例如：

苏秦举了曾参、伯夷、尾生的例子之后，如果又举了一个柳下惠的故事（“坐怀不乱”的主人公），那么苏秦的观点就无法得到佐证。虽然柳下惠的故事和其他三人的存在共性，都是古代名人拥有高尚品格的典故，但是无法被苏秦最后“所谓的忠信，不能真正地解决问题”的结论所概括。如果硬要把柳下惠加进去，那么苏秦的观点就要改成“拥有高尚的品格，可以被世人所传颂”。

再换个角度看不同层级的信息，也就是纵向看金字塔时，下层的信息和上层的信息一定要有逻辑上的递进关系，即下层的信息可以为上层的信息提供支持和佐证。

只要清楚了金字塔纵向与横向之间的内在逻辑关系，就可以将信息有逻辑地归纳与分类，从而构建出一个严谨且有条理的金字塔，让你的表达天衣无缝。

生活案例

你最近正面临新房装修的问题，从毛坯房到精装房，你所面临的问题十分庞杂。无论是与物业以及邻居的沟通，还是装修工人和建材的选择，甚至是五金件的购买等都要消耗大量的精力与时间，而一旦出现疏漏，就很容易给未来的生活造成麻烦。面对这样的难题，你该如何保证装修顺利进行呢？

案例分析

其实装修新房，就是一个典型的归纳、总结信息的生活案例。按照正常的装修流程进行按部就班的整理，固然是现有的通用逻辑体系，但这样的逻辑体系势必会造成极大的工作量、消耗更多的精力，而且很容易忽略相对重要的逻辑关系。所以如果想在日后顺利住进新房，就必须要跳出现有的装修逻辑体系，寻找各信息之间存在的共性，进行全新的归纳分类，重新构建金字塔。

首先，我们的目的是保证顺利入住，那所有信息的共性就是“我装修之后不能出现太多的麻烦”。根据这个共性去筛选，可以剔除很多无用信息，例如水电线路、防水隔音等。这些直接影响居住体验且后期难以调整的部分，便是我们要投入精力最多的地方。

通过寻找共性，将有用信息提取后，下一步就要进行逻辑分类，也就是横向和纵向的逻辑关系。这一部分完全可以不拘泥于装修流程的限制，只要将能够上下提供逻辑支撑的信息进行归纳分类即可。

例如水电线路会直接影响卫生间和厨房的布局，三者都可以被概括为“后期难以调整的部分”。那么再提升一个逻辑层面，“后期难以调整的部分”还可以和“大型家具”放在一起，被划分到“不会进行更改的部分”之中，并得出“主要精力应该放在调整成本高的装修部分”这一结论。而用同样的方式，亦可将“容易调整，可以更改的部分”逐级总结出来，从而合理规划装修中精力与时间的投入。

章节总结

1. 归纳分类的核心是寻找各信息之间的共性，而在共性的基础上，则是对于金字塔横向与纵向逻辑关系的归纳与总结。

2. 横向关系：同一层信息属于同一逻辑层面，可以被上一层总结和概括。

3. 纵向关系：上层信息是下层信息的递进，下层可以为上层结论提供支撑。

3 卧龙出山 诸葛亮

——把握关系，构建逻辑

经过前面的学习，我们已经对金字塔的逻辑结构以及如何运用金字塔原理有了初步的了解。然而当你想利用前面的内容去解决你现在所面临的问题，进行破阵的时候，可能还是会感觉到不知所措。那是因为，你可能还没有厘清你要表达的思路，或者说你对自己所要表达的内容还没有准确地把握。

其实，在金字塔原理下建立起来的逻辑框架，不仅能够让你的表达被其他人接受，同样也可以用来帮助你梳理自己的思路，准确把握自己的思想，并且在表达中持续吸引听众，实现破阵。而关于这一方面的内容，就要借鉴一下卧龙先生——诸葛亮的智慧。

经典案例

东汉末年的各方势力中，刘备的前期发展很一般，他寄人篱下，被打得满世界乱跑。刘备颠沛流离了一段时间后，终于回过味来了，他的失败原来是因为企业里缺少一个有能力的职业经理人哪！于是便有了那段被后人传诵的经典故事——三顾茅庐。

当然，虽然卧龙先生在荆州人才招聘市场中名头很响，而且还有资深HR水镜先生的强烈推荐，但是刘备对自己企业职业经理人的招聘还是非常谨慎的。所以，在第三次拜访，终于见到诸葛亮后，刘备出了一个非常有难度的面试考题：

“先生，你看我们公司现在，真的是要啥没啥，但是我仍然想做大做强、夺取天下，你说我该咋办？现场出份企业发展策划书给我看看！”

诸葛亮拿出地图回答道：“皇叔，我先跟您说一下您主要的竞争对手——北边的曹操，他本来挺弱小的，但是他打败了比他强大的袁绍。这不仅是因为他运气好，更是因为企业布局和发展战略规划做得好，现在人家要钱有钱、要地有地，还挟持了天子做行业背书，您肯定是争不过他了。

“南边的孙权，人家在江东那是家族企业，都经营了三代。当地的股东都愿意给他家投资，加上地理位置好，您想跟他争也不容易，但是可以跟他做战略合作伙伴，一起挤兑曹操。

“竞争对手说完了，那么皇叔您的机遇在哪里呢？就是荆州，这个地方交通便利、物资丰富，非常适合发展。而且最重要的是，这里现在的老板，实力不如您，您一定可以把这里拿下。

“然后就是益州这块地方，同样资源丰富，但地势险要。您的先祖、传奇企业家刘邦，就是在这里赚的第一桶金并且发家致富的。而且当地的股东，对益州现在的老板刘璋十分不满。您去了，正合他们的意。

“到时候，皇叔您拥有荆州和益州，曹操在北占天时，孙权在南占地利，您就在西占人和，这个人和就是您的最大优势！然后咱们就等待时机，联合孙权，从荆州和益州同时出兵，各地的老百姓也会很高兴，最后天下一定是属于您的！”

最终，在诸葛亮的协助下，刘备在三分天下中有了一席之地，成立了蜀汉政权，成就了一番霸业。

可以说，诸葛亮的《隆中对》就是一个完整的利用金字塔原理梳理思想过程的案例，并且很容易吸引听众刘备。更难得的是，它本身便展现了破阵思维，因此极具借鉴价值。

其实，我们从这个故事中解读诸葛亮的思想，会很容易按照他的语言逻辑，用一种纵向的理解方式，去一点一点地理解他要表达的内容，却容易忽略他所表达的内容中存在着的横向逻辑关系。而将其中的横向与纵向逻辑组合起来之后，才是整个《隆中对》中金字塔的逻辑架构。

分析梳理纵向的逻辑关系

正如上文所说，人在阅读和听讲时，很容易从纵向关系去理解。我们表达也同样是纵向的，因为你无论准备了多么严谨的逻辑架构，话还是要一句一句说的。所以在梳理自己的思路的时候，也要先去梳理纵向关系，这有助于在之后的表达中吸引你的听众。

诸葛亮的中心思想是要帮刘备解决问题，也就是“我在要啥没啥的情况下，如何夺取天下？”这是一个问句，所以诸葛亮回答的每一句话都是围绕着这个问句展开的。

这是一个非常实用的技巧，当我们在梳理思路或表达观点的时候，也可以先设立一个问题，然后试着不断解答这个问题，在逻辑上以纵向的方式向下推演，这不仅可以让你逐步建立自己的逻辑金字塔，而且还能把握中心思想，吸引你的听众。

面对这个问题，诸葛亮的解答是：既然“要啥没啥”，那我就得把你需要的东西给你。

接着，诸葛亮引出下一层的疑问："要地盘，从哪来？"

分析局势后，不难看出：曹操击败袁绍，有实力，有运气；孙权盘踞江东，有根基，有天险。于是，再套用金字塔架构进行总结，这两方势力太强大，刘备不能直接跟他们竞争，他们的地盘就不要想了！

然后，这就引出了新的问题："那我能取得的地盘在哪？"

再一分析，荆州的刘表能力不够，益州的刘璋不得民心，同样用金字塔原理进行总结，这两个地方是可以夺取的。

随后，出现了下一层的疑问："我凭什么夺取这两块地盘？"

没错，刘备唯一的资本就是大汉皇叔这个身份，且为人仁厚，被人民爱戴，很多有能力的人愿意追随他，因此他可以夺取这两块地盘。

最后，还有一个问题："我如何夺取天下？"

根据上面的分析总结不难看出，刘备夺取荆州和益州，然后联合孙权对抗曹操，再凭借百姓的爱戴，最后在三分天下中有了一席之地，成立了蜀汉政权，成就一番霸业。

综上所述，不难看出，对于每一个问题的解答与推演，最终都会指向你要表达的中心思想，如此，金字塔的纵向结构就清晰明了了。

分析梳理横向的逻辑关系

梳理纵向的逻辑关系，是为了将中心思想提炼出来，并且为后面吸引听众做准备。如果要构建一个逻辑严谨的完整金字塔，还需要进行横向的逻辑关系梳理，即归纳或推演，保证同一逻辑层级中，每个信息之间存在不可替代的逻辑关系。

金字塔尖：天下三分。

金字塔第四层：联合孙权，共抗曹操。

金字塔第三层：可以夺取荆州、益州，不可强攻江东，不可对抗曹操，我们的优势是人（民心）。

金字塔第二层：荆州、益州是战略要地，荆州、益州不得其主，江东根基深厚，曹操实力强大，孙权有地利，曹操有天时，刘备受百姓爱戴。

金字塔第一层：荆州物资丰富、交通便利，益州资源丰富、地势险要，荆州刘表能力不足，益州刘璋不得民心，江东历经三代经营，曹操击败袁绍统一北方，江东有长江天险，曹操挟天子以令诸侯，刘备为人仁厚，是汉氏后裔。

其实当我们纵向梳理之后，所谓的横向梳理就是在基础框架上填充内容，并在填充中不断进行上下层级之间的逻辑反推，最终便可得出一个严谨的金字塔结构的逻辑体系。

注：本章内容通过不断提问推出纵向框架的思考方式，其实就是金字塔逻辑的“自上而下的构建方法”，即先不梳理所有基本信息，层层递进推出结论，而是先将结论通过疑问导出，然后寻找基本信息进行反证。后文将集中讨论并应用“自上而下的构建方法”与“自下而上的构建方法”。

职场案例

某小公司人事部门的员工小孟，被分配去大学校园招聘应届毕业生，那么对于他来说，由他招聘的新员工自然要能够胜任相应的工作。

他能选择的学校，情况也不尽相同，有重点大学，也有普通大学，当然也有稍微差一点的大学，那他该如何开展这项工作呢？

案例分析

根据这一节的内容，小孟先要用提问的方式纵向梳理思路。

首先，“我该如何招到有能力的员工呢？”

小孟分析后发现，虽然重点大学的学生能力出众，但是有很多待遇更好的企业在争抢，自己公司估计很难与那些大企业竞争。

接着，引出第二个问题：“我公司能和哪些公司竞争？”

自然是和自己所给的待遇差不多的公司，他们大多都集中在普通大学和稍微差一点的大学里，毕竟这里也会有一定数量的优秀人才。

然后，引出第三个问题：“既然待遇都一样，我与他们相比，我的优势是什么呢？”

这好像是个无解的问题，只能换个思路。

最后，引出第四个问题：“既然在实力相当的企业中，我没有优势，那能不能跟大企业竞争呢？”

因为无论哪种学校的学生，都会向往大企业，这些人不可能都被录用，总会有人被遗漏，所以可以争取这些学生。

想通了这个问题之后，再回到最初的问题：如何更容易地招到能够胜任工作的优秀人才？不难得出结论，最终的解决办法就是“捡漏”。

纵向分析完之后，小孟开始横向思考，完善自己的逻辑。

金字塔尖：捡漏招聘。

金字塔第三层：有人无法进入大企业，不在实力相当的公司中竞争。

金字塔第二层：重点大学的学生奔向大企业，实力相当的公司竞争激烈，在实力相当的公司中，自己公司缺少竞争力。

金字塔第一层：重点大学的学生能力出众，大企业待遇优厚，实力相当的公司集中，自己公司待遇一般，实力相当的公司待遇相同。

就这样，通过及时给没有被大企业录取的优秀学子提供工作机会，小孟顺利完成了招聘毕业生的工作。

章节总结

1. 当自己的思路处于模糊状态时，可以先以提问的方式梳理纵向的逻辑关系，找出自己的主题与核心思想。

2. 找出核心思想之后，再以纵向的逻辑为框架，进行横向的内容填充，并进行上下层级之间的逻辑反推，逐渐完善金字塔逻辑思维体系。

4 引人入胜 四大名著

——思维引导很有用

我们前文提到用提问的方式梳理自己的思路，并以此吸引听众的注意力。那么我们如何让我们的金字塔逻辑更加清晰，更加吸引听众，从一开始就为我们的破阵做足准备呢？

实际上，在正式构建金字塔前或讲述思路之前，写一篇“序言”或是列一个“提纲”，可以让你的逻辑更加严谨且丰富。如果你能更进一步，让“序言”跳出“本内容包括1、2、3、4点”的呆板大纲模式，用一种类似于讲述的模式，引起听众的疑问与思考。那么这篇“序言”无疑将更有效地吸引听众的注意力。

这就是本节的内容，即通过“序言”来进行思维引导，为我们的破阵做好铺垫。

经典案例

《三国演义》开篇词

滚滚长江东逝水，浪花淘尽英雄。是非成败转头空。青山依旧在，几度夕阳红。白发渔樵江渚上，惯看秋月春风。一壶浊酒喜相逢。古今多少事，都付笑谈中。

我们在此不去讨论这首词的文学价值，单纯从一个读者的视角去分析，就会发现这首词会引起几个疑问：为什么是非成败会转瞬成空？为什么垂钓的老者会波澜不惊？为什么一杯浊酒会牵动人的情绪？为什么那些英雄事迹都会成为人们的笑谈？

在我们读完这本书之后，这些疑问自然是能够得到解答的。这些即将得到的解答，便正好是这本书所讨论的核心思想，也就是这本书的主题，因此这篇引导读者思维的“序言”是十分成功的。

《水浒传》开篇词

试看书林隐处，几多俊逸儒流。虚名薄利不关愁，裁冰及剪雪，谈笑看吴钩。评议前王并后帝，分真伪占据中州，七雄扰扰乱春秋。兴亡如脆柳，身世类虚舟。见成名无数，图形无数，更有那逃名无数。霎时新月下长川，江湖变桑田古路。讶求鱼缘木，拟穷猿择木，恐伤弓远之曲木，不如且覆掌中杯，再听取新声曲度。

如果说《三国演义》的开篇词在宏观上引起你的疑问，那么《水浒传》的开篇词则在微观上为你描写了一群特殊的江湖人。他们风流不羁，不在乎名利，只追求心中的快意恩仇。那这样的一群人会做出哪些事，你不感到好奇吗？这本书就为你描写了一百零八个这样的人的故事。

《西游记》开篇词

混沌未分天地乱，茫茫渺渺无人见。自从盘古破鸿蒙，开辟从兹清浊辨。覆载群生仰至仁，发明万物皆成善。欲知造化会元功，须看《西游释厄传》。

《西游记》给我们展现了另一种模式的“序言”——讲述背景。通过对故事的背景进行描述，引出庞大的故事架构，这不仅能让广大读者产生浓厚的兴趣，更能将中心思想牢牢锁定。

《红楼梦》开篇词

满纸荒唐言，一把辛酸泪。都云作者痴，谁解其中味？

看到这里，你会发现这是一篇风格完全不同的“序言”，甚至是一种逆向思维式的“序言”。从逻辑思维的层次和结构来看，《三国演义》《水浒传》《西游记》都是在完成整个思想之前，为自己和读者编写的“序言”，以此引导读者的思维。而《红楼梦》的开篇词，则是在整个思想完成之后的感悟，这感悟依然引起读者无限的思考与遐想。

可以说，四大名著的开篇词，无疑为我们的金字塔“序言”提供了四种完全不同的参考模板，即宏观疑问、微观描写、背景讲述以及感慨总结。

我们在进行金字塔逻辑思维的构建时，一定要根据不同的场合和思想的具体内容，灵活运用这四种“序言”模式。这会让你的金字塔格外闪光。

职场案例

某公司员工小张被安排为董事会做PPT，并在会议开场时简述会议的主要议题。会议的主要内容包括公司管理结构的扁平化、公司各部门职责范围的细化、不必要的岗位的裁减、董事会负责事宜的调整，以及职能部门工作范围的扩大。对于这份工作，小张该如何完成呢？

案例分析

正常来说，小张完全可以将主要内容标好序号列在PPT的首页上，然后朗读一遍即可。

本次会议主要讨论的内容有以下几点：

1. 优化公司管理结构。

2. 细化公司各部门职责。

3. 裁减不必要的岗位。

4. 调整董事会工作。

5. 扩大职能部门的工作范围。

或许这样的工作方式能帮助小张避免出错，但如果他能运用我们"序言"模式中的"背景讲述"技巧，仅仅几句话便可让他表现得更加出色。

近两年，本市企业都致力于改革内部结构，以此在市场中获得更大的竞争优势。因此本公司董事会决定于今天进行相关讨论，旨在优化公司的管理结构，将更多的人力投入更有价值的工作当中。会议的主要议题有：1. 划分职能部门的工作范围；2. 裁减无用的低效率岗位；3. 下放董事会的决策权，将日常事务交给相关的职能部门。

实际上，当我们在讲述一个思想或主题时，听众对信息的掌握程度与我们是不对等的。在这种情况下，"序言"就能够减少这种信息不对等，并以此来帮助听众快速进入状态。

章节总结

1.“序言”的作用分为两方面：一是帮助自己归纳主题思想；二是引起听众或读者的疑问，使他们对主题产生兴趣，从而引导他们的思维。

2.灵活运用四种“序言”模式，有助于你搭建思维金字塔。

5 以弱胜强 苏代、如耳

——金字塔原理的运用

看到这里，我们已经掌握了金字塔逻辑思维的基本原理，学会了利用共性去划分并归纳信息，以及利用纵向提问和横向补充反推的方式搭建金字塔，甚至还知道了“序言”的重要作用，为破阵做好了充足的准备。

当你放下书，开始琢磨如何构建一个完整的金字塔时，尤其是面对相对复杂的问题时，可能感觉有些迷茫。我们明明已经明白了金字塔原理，也掌握了搭建金字塔的方式，但为什么还是感觉无从下手呢？

这是因为你的金字塔逻辑还没有建成一个完全属于你的逻辑体系。这一节，我们将把前面所有内容融会贯通，帮助你最终建立一个属于你自己的表达体系，实现破阵思维的关键一步。

在分析本节的经典案例之前，我们先将前面的内容进行简单的梳理。

1.你的金字塔尖是你要表达的最终思想和主题。

2.这个主题源于一个问题，你的思想主题就是为了解决这个问题。

3.通过对信息的归纳与分类，你将有两种构建金字塔的方式。

（1）通过将基础信息不断地逐级概括，最终推出结论。

（2）通过不断提问首先推导出结论，然后为结论寻找支撑信息，并进行反证。

4.序言在整体思路梳理和吸引读者方面的作用。

现在是不是有些思路了？那么就请带着你的想法，来看看本节的经典案例吧。

经典案例

战国时期的苏秦可以说是纵横家中的代表人物，苏秦的族兄苏代虽然没有苏秦那么大的名气，但也是一个十分不简单的人物。

话说那一年楚国和韩国交战，战事持续时间长达五个月。虽然谁也没占到便宜，但作为实力比较弱小的韩国已经没有足够的物资供给军队了，如果再交战一段时间，士兵就要拿着木棍、饿着肚子跟楚军作战。于是韩国就派人向周天子求助，想向周天子征兵调粮。

如果放在以前，周天子可是天下共主，各路诸侯都是要给周天子进贡的，从没听说过哪个诸侯敢跟天子要东西。然而时过境迁，各路诸侯势力日益强大，哪怕是战国七雄中最弱小的韩国，也可以公然欺负曾经的天下共主。所以面对韩国的要求，周天子十分忧心，却一点办法都没有，最后只能求助于苏代。

“大王不必忧心，我不仅能让他们不向西周征兵调粮，还能让他们把高都城给您！”

听了苏代的话，周天子惊喜交加，连忙高兴地回应道：“好！你要是真能为我解决这个难题，那以后西周的国事我都听你的！”

就这样，苏代来到了韩国，一见到韩国相国就直言不讳地说道：“你们真是糊涂啊！韩国和楚国交战了五个月，你们没有粮食和武器了，那他楚国就好过吗？楚军是劳师远征，他们肯定比你们还困难，况且当初楚将昭应曾对楚王说不用一个月就可以占领韩国的雍氏，如今楚国围雍氏五个月，仍然没能攻下雍氏。这就证明楚军早已疲惫不堪，楚王也开始怀疑昭应的说法了。本来他们可能过几天就要退兵，这时韩国竟然向西周调兵征粮，这不是明摆着告诉楚国，韩国已经精疲力竭了吗？昭应知道以后，一定会请楚王增兵包围雍氏，那时雍氏就彻底守不住了！”

听完苏代这话，韩国相国当即觉得很有道理，马上撤回了跟周天子要东西的要求。这时苏代又说道：“你们现在最好把高都城送给周天子。”韩国相国一听就急了，愤怒地说道：“我们不要东西已经够意思了，怎么还得把高都城给周天子呢？你们也太不知好歹了吧！”苏代平静地解释道：“现在秦国也在拉拢周天子，如果你们这个时候把高都城送给周天子，那就证明韩国和周天子是一条心的。如此一来，秦国肯定就不会再拉拢周天子，而周天子以后便只能依附韩国。用一个贫困的高都城换整个西周，何乐而不为？”最终，韩国在苏代的游说下，不仅没有再跟周天子要东西，还把高都城给了周天子，苏代圆满完成任务。

苏代的任务其实还不算很艰难，毕竟他作为中立方去谈判，本身就具有一定的优势。若换成代表战争中的某一方去游说另一方退兵的话，那又该怎么办呢？同时期的一位大夫如耳就接受了这样一个任务。

魏哀王八年，魏国讨伐卫国。从实力上来说，卫国是小国，根本无力与魏国抗衡，所以很快就被魏国攻占了两座城池。危难之际，大夫如耳前去面见卫国国君，说道：“我可以让魏国退兵，还可以让魏国罢免带兵来打您的成陵君，给您出一口恶气！”卫国国君当即喜出望外，连忙答应并承诺，只要他能完成任务，便会给他荣华富贵。

如耳来到魏国军营，对成陵君说道：“卫国被您占据了两座城池，已经到了生死存亡的边缘，现在只能去找秦国求救，到时候秦国的援军一来，您估计很难讨到便宜；而且从此之后卫国肯定会成为秦国的附属，跟秦国同进同退。如此一来，您这边损兵折将，反倒让秦国多了一个属国，实在是得不偿失啊！如果您这时候能放卫国一马，那卫国肯定对您感恩戴德，这对您才是最有利的呀！”成陵君一想，觉得很有道理，于是便决定退兵。

虽然成陵君已经退兵，但如耳一点也没闲着，马不停蹄地去了魏国求见魏国国君。面对魏王，如耳说道：“您现在跟卫国作战，卫国已经无力抵抗了，所以准备把世世代代积攒下来的宝物都拿出来献给您，只求您能放过卫国。但是卫国现在没有把东西献给您，是因为害怕退兵这件事您做不了主，就算把宝物拿出来，可能也到不了您这里。我觉得如果现在有人跟您提退兵，那估计就是收了卫国的好处。”

如耳说完便离开了魏国，他前脚刚走，成陵君便回到了魏国，果然跟魏王说了退兵的事，并且按照如耳的话陈说其中的利害。然而此时的魏王只想着为什么退兵之后他却没收到宝物，肯定就是擅自退兵的成陵君把宝物私吞了，于是就罢免了成陵君的职务。

这两个故事中，无论是苏代还是如耳，都是在己方处于弱势的情况下去游说强势的一方，更难得的是他们还完成了两个看似绝不可能完成的任务。之所以将这两个故事放在一起，是因为他们在完成任务的过程中，分别运用了构建金字塔的“自上而下法”与“自下而上法”。

先难后易的自上而下法

自上而下法之所以开始比较难，是因为首先要通过纵向关系的梳理，用反问的方式进行逐级推导，然后推出主题结论，最后再横向找出能够支撑结论的信息。

纵向关系的梳理

通过自上而下法构建金字塔，最关键也是最难的部分就是纵向关系的梳理。每一层级的问题不仅要环环相扣，还必须是听众最关心的问题。这就要求你在纵向梳理的过程中，完全代入听众的角色，提出真正符合听众利益的问题。

在如耳的故事中，他不仅想要魏国撤兵，还想要让魏国国君罢免成陵君，那他首先就要思考：成陵君到底想要什么？魏国国君到底想要什么？

于是得出结论：成陵君作为领兵的将领，他想要打胜仗，从而获得利益与声望。魏国国君作为君王，他想要臣子服从他的命令。

在此基础上，再一次提问：继续攻打卫国，成陵君能够获得利益和声望吗？如何才能让魏国国君猜忌成陵君？

于是得出结论：卫国虽然弱小，但是可以得到秦国的支援。成陵君继续攻打卫国，是无法战胜秦军的。如果能让魏国国君得知成陵君擅自做决定，那么国君就会猜忌成陵君。

最后，推导出结论：成陵君只有放弃攻打卫国，才能得到最大的利益。如果成陵君擅自撤兵，那么魏国国君就会猜忌成陵君，从而罢免他。

横向关系的梳理

在完成相对困难的纵向关系的梳理后，就进入相对简单的部分，也就是为金字塔每一层的问题寻找支撑信息。

金字塔第三层：成陵君撤兵。

金字塔第二层：成陵君很难战胜秦军，成陵君希望卫国成为魏国的属国。

金字塔第一层：秦国比魏国更强大，卫国可以得到秦军的支援，卫国可以成为秦国的属国，卫国也可以成为魏国的属国。

我们通过纵向与横向的逻辑梳理构建一个完整的金字塔，进而顺利破阵。

先易后难的自下而上法

与自上而下的金字塔构建法正好相反，自下而上的金字塔构建法需要我们首先把所有基本信息梳理出来，然后通过归纳总结，逐步推出结论。

基本信息的梳理

这个过程中可以先不考虑逻辑关系，把所有能掌握的信息列出来。这一步相对容易，只需要做到足够细致即可。在苏代的故事中，他想让占有绝对优势的韩国撤销跟周天子要东西的要求，并且要让韩国把高都城送给周天子，那么他能掌握的信息为以下几点：

1. 韩国与楚国僵持五个月。

2. 韩国出现军粮和武器的短缺。

3.韩国要求周天子提供武器与粮食。

4.楚国不知道韩国出现军粮和武器的短缺。

5.韩国相对弱小。

6.周天子作为中立方，态度很重要。

7.秦国正在拉拢周天子。

8.韩国如果把高都城送给周天子，那么两者关系会变好。

信息的归纳与推理

首先将可以推导出一个新结论的基本信息进行组合；然后将推导出的新结论作为上一层的基本信息，再一次进行推导，直到不能再继续推导；最终构建出一个完整的金字塔。

通过1和2，可以得出A：楚国也可能出现了粮食和武器的短缺。

通过3和4，可以得出B：韩国的做法会导致楚国知道韩国的困境。

通过5和6，可以得出C：韩国希望得到周天子的支持。

通过7和8，可以得出D：周天子收下高都城，秦国将不再拉拢周天子。

得出新一组的信息后，在这个基础上继续向上搭建。

通过A和B，可以得出：如果楚国得知韩国也支撑不下去，会一鼓作气攻下韩国。

通过C和D，可以得出：如果韩国把高都城送给周天子，则周天子只能跟韩国站在一起。

同样是解决两个问题，自下而上的构建法可以通过不断地归纳与推理，将同一组基本信息逐步推导并构建成两个独立金字塔，以完成两个并没有直接关联的目标。这是面对复杂问题时，金字塔构建法的一种进阶运用。

职场案例

某机械生产公司的职员小陈在调查生产车间存在的问题后，需要将问题和解决方案形成材料汇报给管理层。由于车间主任和基层工人的出发点不同，导致所反映的问题十分混乱，再加上小陈自己观察到的一些管理层所关心的问题，使得整个汇报材料极其复杂冗长，即使递交上去也无法解决实际问题。以下是所有问题的汇总。

基层员工：

1. 加班频繁，每天回家都很晚，第二天没有精神工作。

2. 工资比其他公司的同行低，干起活来一点动力都没有。

车间主任：

1. 生产效率太低了，很多活都干不完。

2. 所有产品都用同一条生产线，有些产品根本用不上那么多步骤。

3. 缺少熟练工人，人手不够用。

小陈自己：

1. 很多产品的价格相比同行业的其他公司缺少竞争力。

2. 生产效率远低于同行业其他公司。

3. 无法按照客户的要求按时完成订单。

案例分析

按照自下而上的方法梳理各信息之间的逻辑关系可以得出以下结论

和解决方案。

生产车间因为缺少熟练工人，以及生产步骤重复，所以生产效率低下。

解决方案：增加工人，简化生产步骤。

因为生产效率低下，所以要求员工长期加班。

解决方案：提高生产效率，减少加班频率。

因为生产效率低下，所以无法按时完成客户订单，导致价格上没有竞争力。

解决方案：提高生产效率。

因为没有竞争力和订单，所以工人工资无法提高。

解决方案：提高产品竞争力，提高工人工资。

梳理了基本逻辑之后，我们可以看到这些问题可以汇总成两个互相关联的金字塔。

金字塔A

金字塔尖：提高生产效率。

金字塔第二层：简化生产步骤，增加熟练工人。

金字塔第一层：生产步骤重复，无法完成订单，长期加班，缺少熟练工人。

金字塔B

金字塔尖：提高生产效率。

金字塔第二层：提高工人工资，增加熟练工人。

金字塔第一层：工人工资低，没有动力，无法完成订单，长期加班，缺少熟练工人。

根据这两个互相关联的金字塔，我们可以整理好这份汇报材料的主要内容：

目前生产车间最关键的问题是没有为企业创造足够的收入。如果要改变这一现状，一方面通过简化生产步骤、增加车间工人来提高生产效率，降低生产成本，提高产品的价格竞争力；另一方面要提高工人工资，保证工人的生产积极性。

同样地，如果要按照自上而下的方式进行金字塔搭建，那么我们就需要先通过不断提问来推理出金字塔的纵向结构。

领导要求我做这份汇报材料，到底想看到什么？

答：想看到生产车间存在的问题。

看到生产车间存在的问题，是为了什么？

答：解决问题，提高生产效率、降低生产成本。

那降低成本的最终目的是什么？

答：提高企业收入。

纵向的结论得出后，我们就可以按照几个问题的层级，寻找每个问题的信息支撑，梳理横向的逻辑关系。

1. 生产步骤重复、无法完成订单、长期加班、缺少工人、工人工资低都是存在的问题。

2. 简化生产步骤、增加工人可以解决问题，最终达到提高生产效率、降低成本的目的。

3. 想提高工人工资，就必须要提高企业收入；而降低成本之后，企业收入自然就会提高。

将横向与纵向的逻辑关系都梳理完毕后，我们可以得到和上述一样的两个相互关联的金字塔以及结论。

章节总结

1.当我们用不同的金字塔构建法处理同一问题时，具体操作过程可能会有一些区别。这是因为我们梳理思路的出发点不同，并不影响我们对问题的处理结果。

2.我们可以根据不同的实际情况去使用不同的金字塔构建法，简单来说，当基本信息充足且清晰时，采用自下而上法，反之则采用自上而下法。

6 节奏大师 晏子

——让对方进入你的节奏

前面我们已经学会通过精彩的思维引导，让听众对你的观点产生疑问和极大的兴趣，进而对你接下来要讲的内容充满期待。那怎样才能让听众完全进入你的节奏之中，完全跟随你的思维呢？这正是本节我们要学习的，即思维引导的进阶运用，也就是前文中“序言”的进阶运用。学会思维引导不仅能够吸引听众，还能让听众的思维与你的同步，并使听众完全进入你的节奏，再加上完善的金字塔的构建，有时甚至能让你绝处逢生、逢凶化吉。

经典案例

春秋时期齐国的著名外交家晏子，曾被齐王派遣出使楚国，然而其貌不扬、身材矮小的晏子接连遭到楚王的羞辱。晏子作为一位出色的外交家，心里十分清楚，楚王之所以如此无礼，是因为楚王从心里就瞧不起他。在这样的情况下，纵然他有三寸不烂之舌，把事情说得天花乱坠，楚王也不可能听得进去。所以，如果想顺利地完成出使任务，晏子就必须改变楚王对自己的态度，让楚王完全进入自己的节奏之中。

刚到楚国时，晏子就被楚国的守卫拦在城门之外，还被带到了大门旁边的一个小门前。晏子想都不用想就知道，楚国是在羞辱他个子矮小。于是晏子就说：“我听说去什么样的地方就要遵循什么样的礼仪，这是个狗洞，只有出使狗国才要走狗洞。我今天出使的是楚国，从这里进去不合适吧？”于是，迎接晏子的人只好让晏子从大门进入。

晏子来到楚王面前，楚王仍然十分傲慢，不屑地对晏子说道：“你们齐国是没有像样的人了吗？居然让你来做使臣？”晏子回答道：“齐国的都城临淄有七千多户人家。他们一起展开衣袖，能遮天蔽日；一起挥洒汗水，就像要下雨一样；在街上行走，都是肩膀靠着肩膀、脚尖碰着脚后跟。怎么能说我们齐国没有人呢？”楚王说道：“那既然有这么多人，为什么还要派你这样一个人来呢？”晏子回答道：“我们齐国派遣使臣是有原则的，面对不同的出使对象，会派不同的人去，贤明的使臣会出使贤明的君主所在的国家，愚笨的使臣会出使愚笨的君主所在的国家，我是齐国最没用的人，所以就被派来你这儿了。”

晏子的一番话让楚王非常尴尬，便再也不敢嘲讽晏子了。然而即便这样，楚王还是不甘心。于是在宴会上他又让人绑来一个罪犯，带到晏子面前。

楚王装作不知情地问道：“这是哪个国家的人呀？犯了什么罪呀？”一旁的大臣回答道：“这是个齐国人，犯了偷窃罪。”楚王当即表现得十分疑惑，对晏子说道：“你们齐国人都是这个样子的吗？天生就很擅长干这些偷鸡摸狗的事？”

晏子离开座位平静地说道：“我曾经听说，橘树生长在淮河以南就是橘树，生长在淮河以北就是枳树，两者虽然长得很像，但果实的味道完全不同。大王你知道这是为什么吗？这是因为两个地方的水土不一样。我们齐国人生活在本国的时候，都是安居乐业的良善之人，可是一到了你们楚国就开始偷窃，这是不是因为你们楚国的水土会让老百姓变得想要偷窃呢？”楚王再一次自讨没趣，终于不再为难晏子，开始认真地和晏子谈论两国的联盟事宜。

在基础思维引导中，我们可以利用前面提到的四种“序言”模式，让听众对接下来的内容更感兴趣。但这是建立在双方愿意平等交流的基础上的，一旦双方并不对等，或者说双方的对话节奏与思维节奏存在差异，基础思维引导的作用将会大打折扣，更别提如何进行破阵。

在这个故事中，我们可以明显地感觉到楚王完全不想与晏子认真交流，但晏子总能通过语言技巧，把楚王带入他的节奏中，让本来羞辱他的话变成羞辱楚王的话，这就是思维引导进阶运用的体现。

学会讲故事

进阶思维引导的核心就是讲故事。我们的语言和观点并不能像小说一样那么引人入胜，而听众在听取你的观点时通常有自己的思维节奏。在这样的状态下，他们根本无法认真获取你所传达的信息，对你谈论的内容也根本不感兴趣。所以如果想要让听众集中注意力，就必须借助故事的魅力，打破他们原有的思维节奏，让他们不知不觉地进入你的节奏之中。

可能很多人一看到“讲故事”三个字就会感觉一头雾水，觉得这是一件非常复杂的事情，但事实并非如此。故事也可以很简单，有时甚至只需要一句话。

例如在“晏子使楚”这一故事的开始，楚国人带晏子来到狗洞前想的是：我要通过狗洞来羞辱这个矮小的齐国使臣。

很显然，这是楚国人自己的思维节奏，晏子如果直接与他们争辩：“我是大国使臣，你们这样不尊重我！我非常生气！这就是你们楚国的待客之道吗？”这样晏子陷入对方的节奏之中，楚国人羞辱他的目的也就达到了。

然而晏子的做法是给他们讲了一个很简单的故事：“我听说去什么样的地方就要遵循什么样的礼仪，只有出使狗国才要走狗洞。”如此一来，晏子直接打破了对方原有的节奏，让对方意识到让晏子走狗洞是在羞辱自己，于是只好带晏子走大门。

故事的结构

既然讲故事可以将对方带入自己的节奏中，那一个完美的故事又应该包含哪些要素呢？只要记住三点，即背景、冲突和疑问。如果一个故事拥有“背景”做铺垫，并且在情节中形成“冲突”，最后还留给听众“疑问”，那么这个故事就可以将对方带入自己的节奏之中。

“背景”即故事的铺垫，作用是为你接下来的“冲突”做好准备。例如：

1.我听说去什么样的地方就要遵循什么样的礼仪。

2.齐国的都城临淄有七千多户人家。他们一起展开衣袖，能遮天蔽日；一起挥洒汗水，就像要下雨一样；在街上行走，都是肩膀靠着肩膀，脚尖碰着脚后跟。

3.橘树生长在淮河以南就是橘树，生长在淮河以北就是枳树，两者虽然长得很像，但果实的味道完全不同。

这都是晏子在面对楚国的羞辱时讲的故事的“背景”。这种“背景”铺垫看似与主题关系不大，却是一种公认的事实或现象，并且可以引出与主题紧扣的“冲突”。一方面打破了对方原来要羞辱他的节奏，另一方面让对方对他接下来的话产生期待。

在完成故事的“背景”之后，就需要用“冲突”推动故事的发展，从而建立起属于你的节奏。而所谓的“冲突”，就是将“背景”引向一个相对不利的发展方向。例如：

1. 背景：我听说去什么样的地方就要遵循什么样的礼仪。

冲突：这是个狗洞，只有出使狗国才要走狗洞。

这里的冲突点把楚国的礼仪与狗洞联系在一起，言下之意便是，如果走了狗洞，那楚国就是狗国，即存在某个规则（背景），楚国的做法在这个规则（背景）下会对自身不利（冲突）。

2. 背景：齐国的都城临淄有七千多户人家，他们一起把衣袖展开，能遮天蔽日。

冲突：贤明的使臣会出使贤明的君主所在的国家，愚笨的使臣会出使愚笨的君主所在的国家。

这里的冲突点把齐国人多的事实与不同水平的人出使不同的地方联系在一起，言下之意便是，我们齐国并不缺人，如果你觉得我其貌不扬，那楚国就只配我这样的人出使，即存在某种事实，在这样的事实下楚国的做法会降低楚国的地位。

3. 背景：橘树生长在淮河以南就是橘树，生长在淮河以北就是枳树。

冲突：我们齐国人生活在本国的时候，都是安居乐业的良善之人，可是一到了你们楚国就开始偷窃。

这里的冲突点将橘树的生长规律与楚国的环境联系在一起，言下之意便是，楚国的环境会让人变得想要偷窃，即存在某种规律，齐国人在楚国的行为证实了这个规律。

“疑问”即是故事的收尾，作用是将对方带入你构建的节奏中。例如：

1.我今天出使的是楚国，从这里进去不合适吧？

2.我是齐国最没用的人，所以就被派到你这儿了。

3.这是不是因为你们楚国的水土会让老百姓变得想要偷窃呢？

可以看出，“疑问”不一定要以问句结束，但一定要引发对方的思考。而一旦对方开始思考你讲的故事，那么就证明他放弃了自己原有的想法和节奏，已经被带入你的节奏之中。

讲故事的实际运用

在思维引导中，我们通过讲故事的方式引出“金字塔”，这里的金字塔就是故事的“答案”。因此在实际运用中，我们可以根据实际情况，灵活调整故事的“背景、冲突、疑问”的顺序，从而形成不同的风格，并以此来应对不同的情况。

背景：企业在产品的售后服务中，客户满意率同比上涨10%。

冲突：但这一季度的客户群体年龄偏大。

疑问：客户满意率的提高究竟是因为服务水平的提高，还是客户年龄段的变化？

答案：利用金字塔原理，对客户年龄与满意率的关系进行分析。

1.标准故事模式：背景—冲突—疑问—答案。

这一季度我们的售后服务满意率有了明显的提升，但大家是否注意到本季度的客户群体年龄相对上一季度偏大？如果说仅仅是因为老年人对售后服务的期望值比年轻人低，那么与上季度相比，我们的售后服务水平是否真的有所提高？对于这一问题，我认为……

不难看出标准的故事模式，可以将故事讲述得较为全面且容易理解，因此标准故事模式适用于大多数情况和场合。

2.突出问题模式：冲突—背景—疑问—答案。

据我了解，这一季度的客户群体年龄普遍偏大，而老年人对售后服务的期望值一般都要比年轻人低一些，因此虽然本季度我们的售后服务满意率同比上涨10%，但是我并不认为我们的服务水平真的有所提高。对于这个问题，我做了如下分析……

与标准故事模式不同，突出问题模式会让你的言辞更加犀利，直指问题的关键点。因此这种模式更适用于职位相对较高的人，或形势比较严峻的情况和场合。

3.增加信心模式：疑问—背景—冲突—答案。

客户对售后服务的满意率，是否真的和客户的年龄段有关？这一季度我们的售后服务客户满意率比上一季度增长了10%，但值得注意的是这一季度的客户群体年龄普遍偏大，因此为了提高我们的售后服务水平，我做了如下分析……

与突出问题模式正好相反，增加信心模式会让你的语言相对温和。虽然依旧是同样的内容，但是听众的情绪变化会相对平稳。因此这种模式更适用于职位相对较低的人，或形势相对乐观的情况和场合。

生活案例

你之前的那辆车已经开了很多年，虽然还可以正常行驶，但驾驶体验和舒适度已经急剧下降，况且如今各种新车层出不穷，你难免有了想要换车的想法。然而这一想法，遭到了家人与朋友的强烈反对，因为对于这样一大笔支出，大家都觉得没有必要。面对这样的情况，你该如何说服他们，从而顺利购买新车呢？

案例分析

运用本节所学知识，不难发现，在你说服大家支持你买车之前，他们就有一个属于他们的节奏，也就是从经济的角度出发，觉得你没有必要这样做。因此，在跟大家沟通前，你必须通过思维引导，打破他们原有的思维节奏，并将他们带入你的节奏之中。

背景：你的车已经开了很多年，零部件老化。

冲突：当前的车虽然能继续使用，但存在很多问题。

疑问：当前存在的问题是否会造成未来不确定的安全隐患？

答案：分析这些问题，指出会造成的安全隐患及严重后果。

确定思维引导的各个要素后，我们就该选择适合的故事模式。根据实际情况来看，要打破大家出于经济考虑的思维节奏，必然要采用“突出问题模式”，让大家意识到，你换车的原因是出于自己和家人的安全考虑。于是可以整理成以下的话术：

车用了很多年，老化的零部件怎么保障车里人的安全？就算是一些大件可以检修和保养，但那些线路和配件的老化是很难直接看出来的，在未来总是存在一定的安全隐患。如果全部更换的话，当然也是可以的，但付出的成本不亚于买一辆新车……

不难看出，上文的思维引导首先将“疑问”放在了开头，并没有直接回应换车在经济上的问题，这样就先打破大家原有的思维节奏，将注意力转移到“如何保证安全上”而不是“你的车明明还能开，为什么还要花钱换车”，从而建立起了属于你的节奏，并将大家完全带入你的节奏之中。

章节总结

1. 以讲故事的方式进行思维引导，将对方带入你的节奏之中进行思考。

2. 故事的三要素是背景、冲突和疑问。

3. 灵活运用标准故事模式、突出问题模式与增加信心模式应对不同的情况和场合。

7 巧舌如簧 张仪

——逻辑的演绎推理与归纳推理

构建金字塔时，有一个十分关键的问题需要我们去解决，那就是如何厘清金字塔中各个基本构成信息之间的逻辑关系。这一部分内容虽然在前面有所提及，但都是相对简单的基础内容，并没有进行深入的讨论。我们将在本节深入探讨金字塔内在的逻辑关系，实现破阵思维的构建。

经典案例

战国时期，秦国日渐强盛，尤其是在秦惠文王时期，秦国的疆域更是得到了进一步扩张，其国力之强盛已达到其他任何一个国家都无法单独抗衡的地步。于是其他六个国家一同患上了“恐秦症”，一提到秦国就害怕。在这样的情况下，大家都不得不开始琢磨怎样才能遏制秦国的发展。

六国有了共同的敌人，他们之间的矛盾开始弱化，联合起来对抗秦国成为大势所趋。由于六国地理位置的特点，使六国正好可以在秦国的东边形成一道纵向的屏障，所以六国的联盟政策就被形象地称之为“合纵”。当然，秦国也不可能对六国的合纵政策坐以待毙，因此出现了另一个与之对应的联盟政策——“连横”。“连横”就是以秦国为起点一路向东结盟，从而瓦解六国的“合纵”。而在秦国推动“连横”之术的主要人物，就是著名的纵横家张仪。

公元前328年，秦国攻下了魏国的蒲阳城。张仪觉得这是一个开始连横政策的好机会，于是建议秦王将蒲阳城还给魏国，而且派公子繇到魏国去做人质，而他则会以使者的身份接近魏惠王，让魏国加入秦国的联盟之中。

就这样，张仪来到了魏国，面见魏惠王道：“秦国是真心与魏国结交呀！秦国得到了城池非但没有据为己有，反而归还给了魏国，魏王您也应该对秦国有所表示啊！”魏惠王问道：“那我应该如何表示呢？”张仪道：“如果魏惠王也能送一些土地给秦国，那么秦国一定会把魏国当成兄弟。到时候两国结成联盟，一起讨伐其他诸侯国，您得到的土地肯定远比送给秦国的多很多倍呀！”魏惠王觉得张仪说得很有道理，于是就把上郡十五县献给了秦国。

几年后，为了在合纵之策的压力下施行连横政策，张仪决定进一步让魏国臣服秦国，于是他辞去了秦国的相位，转而去魏国担任相国。张仪当上了魏国相国以后，就开始继续为秦国拉拢魏国，打算使魏国首先臣服于秦国，从而让其他诸侯国效仿。魏惠王不肯接受张仪的建议，秦王大发雷霆，立刻出动军队攻占了魏国的曲沃、平周。后来，魏惠王去世，魏哀王即位。张仪又劝说魏哀王，魏哀王也不听从。于是，张仪暗中让秦国攻打魏国。魏国和秦国交战，魏国又失败了。

第二年，齐国又在观津打败了魏军。秦国想要再次攻打魏国，先打败了韩国申差的部队，杀死了八万官兵，使得诸侯们震惊恐慌。

张仪趁机再次游说魏王，说道：“大王，咱们魏国的领土方圆不到一千里，士兵也不超过三十万人，而且四周地势平坦，正好被各诸侯国夹在中间，没有高山河流这样的天险可以据守，谁想攻打都能轻而易举地过来，加上国土面积又不大，人家不用费多大力气就能从边境打到都城。再看魏国周边的形势，南边是强大的楚国，但如果投靠楚国，那么东面的齐国就会来攻打；如果投靠齐国，那么北面的赵国就会来攻打；如果不和韩国合作，韩国也会攻打魏国西侧；如果不跟楚国合作，楚国就会攻打魏国南侧。总而言之，魏国面临的就是一个四面受敌、四分五裂的局面啊！”

张仪这一番话把魏哀王说得是心惊胆战，魏哀王便抱着一丝希望问道：“那现在六国不是在行合纵之策吗？我们放下仇恨一致对外，一起对抗秦国不好吗？”

张仪道：“大王，就算您真的和其他五个国家达成合纵联盟，那秦国该攻打您还是要攻打您的呀！如果您不臣服于秦国，秦国将出兵黄河以南，一路打到阳晋，那您和赵国的联系就被切断了，其他国家就算想派兵来支援，等他们赶到的时候，秦军恐怕已经把您的都城给占领了，那您还怎么跟他们合纵抗秦？还有，旁边的韩国比您还怕秦国，如果秦国去韩国游说，韩国在秦国的威胁下一起来攻打您，那我们一定无法抵抗住！”

这下魏哀王更害怕了，连忙问道：“那你说我现在该怎么办呢？”

张仪又说道：“我现在是魏国的相国，肯定是为魏国着想的，依我看，您不如就归顺了秦国。秦国现在国力强盛，而且还离魏国很近，无论发生什么情况，都能很快派兵过来支援魏国，这样一来其他诸侯国就不敢轻举妄动了，魏国也就可以高枕无忧。再者，现在秦国最想削弱的是楚国，而我们魏国恰恰可以在这方面助秦国一臂之力。楚国虽然看起来领土广大、士兵充足，但实际上战斗力并不强。只要魏国没有其他后顾之忧，那与楚国作战是一定可以胜利的。到时候魏国不仅可以获得楚国的土地，还能满足秦国削弱楚国的需求，我们与秦国的联盟还会更加稳固，国家也会更加安定！大王您可得赶快考虑，现在秦国马上就要派兵东进，到那时咱们可就没有归顺的机会了。”

最终，魏哀王考虑再三后决定归顺秦国，而随着魏国的归顺，六国的合纵抗秦之策也就被张仪的连横之策瓦解了。

张仪作为著名的纵横家，他的语言魅力显然是无与伦比的，仅靠一张嘴便瓦解了六国精心策划的合纵之策。而且值得注意的是，张仪后来去魏国当相国，魏王不可能不知道张仪的真实意图，但最后竟然还是被张仪给说动，这非常值得我们分析，张仪究竟凭借怎样的语言逻辑结构，实现破阵的呢？

逻辑推理的两种方式

我们可以看到，张仪在劝说魏王的过程中，他的金字塔构建中充斥着大量的基础信息。这些信息是层层递进、环环相扣的，其中显然存在一定的内在逻辑关系，使得看似纷乱复杂的基础信息都指向了清晰且统一的中心思想。张仪之所以能够形成这样精密的逻辑结构，就是因为他对所有基本信息都进行了“演绎推理”与“归纳推理”。

首先说“演绎推理”，这是一种线性的推理方式，强调的是由“因此”推导出的结论，是通过演绎的方式将现有的信息推导出新信息，典型的例子就是著名的“三段论”。例如：

1. 所有的哺乳动物都有脊椎，而人是哺乳动物，所以人有脊椎。

2. 书店的书都是新的，这本书来自书店，所以这本书是新的。

不难看出，在“演绎推理”中，所有结论都是由前一个信息所推导出的，而“归纳推理”正好相反。在“归纳推理”中，各信息并不存在这样的关系，而是具有纯粹的共性，也就是通过将拥有共同点的信息归纳到一起，找出并概括这组信息的共同特征。例如：

美国人来中国旅游，英国人来中国旅游，法国人来中国旅游，德国人来中国旅游，所以有很多外国人来中国旅游。

换句话说，“归纳推理”就是通过对各事物的个别属性进行概括总结，从而得出事物的一般属性。

演绎推理的步骤

回到张仪的故事，我们先来看他语言中的演绎推理。在现实生活中，我们通常都会不自觉地运用演绎推理来分析处理问题，相对来说更容易被理解。

简单来说，演绎推理主要分为以下三个步骤：

1. 说明一种已经公认的情况。

2. 说明另一种与之相关联且同时存在的情况。

3. 说明两种情况同时隐含的内容。

在张仪的故事中，我们先看他提出“连横”战略设想的推理过程：

1. 六国为了对抗秦国，开始合纵联盟。

2. 秦国现在没有盟友。

3. 所以，为了对抗六国的合纵，秦国需要相应的盟友。

接下来我们再看他第一次拉拢魏国时用的策略：

1. 送给其他国家土地可以促成联盟。

2. 秦国将蒲阳城归还魏国。

3. 所以，秦国可以促成与魏国的联盟。

最后再看张仪对魏国形势的分析：

1. 魏国领土面积小，四面都是开阔地，无险可守。

2. 魏国被夹在所有国家的中间。

3. 所以，魏国很容易被其他国家占领。

那么在此基础上，他又为魏国分析联盟的策略：

1. 魏国很容易被其他国家攻占，联盟的国家不容易过来支援。

2. 秦国是其他国家之一，秦国不是魏国的盟友。

3. 所以魏国即使与其他国家合纵联盟，也容易被秦国攻占。

至于该怎么解决这个问题，张仪也给了魏王答案：

1. 魏国与秦国结盟，可以震慑周围其他国家。

2. 魏国和秦国有共同的敌人——楚国。

3. 所以，魏国可以与秦国结盟。

无一例外，张仪所有的推断都是源于演绎推理的基础。不仅每一个方面都具有演绎推理的逻辑，甚至所有方面的结论都结合起来了，是一个严密的演绎推理模型。所以当魏王听完张仪的叙述后，才最终决定与秦国结盟。

归纳推理的准则

在实际运用中，相比演绎推理，归纳推理相对困难，因为演绎推理属于一种线性的逻辑推理方式，归纳推理却需要我们使用更具有创造性的逻辑思维。这不仅是因为我们要在各种复杂的信息之中寻找共性，更是因为同一组信息之间的共性往往不止一个。当我们改变同一组信息的共性时，概括出来的结果天差地别。

正如上文中的例子："美国人来中国旅游，英国人来中国旅游，法国人来中国旅游，德国人来中国旅游，所以有很多外国人来中国旅游。"如果我们换一种共性去归纳，那么就会得出"中国的旅游收入将大幅提高"或者"中国对外国人有很大的吸引力"的结论。

因此我们在进行归纳推理的过程中，就要严格遵循以下两条准则：

1. 正确定义该组信息的共性，要让这个共性为我们的主题服务。

2. 删除该组信息中与其他信息不匹配的信息。

在张仪的故事中，他的演绎推理和归纳推理是相辅相成的。比如在演绎推理中的基本信息"魏国容易被其他国家占领国都"，就是通过归纳推理的方式得出的信息。

魏国与楚国结盟，齐国会进攻魏国的东面；魏国与齐国结盟，赵国会进攻魏国的北面；魏国不与韩国合作，韩国会进攻魏国的西面；魏国不与楚国合作，楚国会进攻魏国的南面。所以魏国被所有国家夹在中间，危机四伏，易四分五裂。

这就是张仪归纳推理的过程和结论。将这个结论与魏国国土面积小且无险可守的情况结合起来，就可以再进行演绎推理，从而得出魏国容易被其他国家占领的结论。

注意事项

尽管上文已经分别对演绎推理与归纳推理进行了说明，但在实际运用中仍然会出现演绎推理与归纳推理相互混淆的情况，或者推理错误的情况。例如：

所有的运动员都需要锻炼身体，我不是运动员，所以我不需要锻炼身体。

这段演绎推理很明显是有逻辑错误的，因为即使不是运动员，也要进行适当的身体锻炼。造成这个错误的原因是没有将演绎推理的步骤理解透彻。我们可以看到，虽然“所有运动员”和“我不是运动员”这两句话有关联，但这个关联并不符合演绎推理步骤1和步骤2的关系。

因为在步骤1中推理的主体是“所有运动员”，而“我”并不属于运动员的范畴，那么就不能在“所有运动员”这个前提下进行讨论。

再用张仪的故事举例：1.秦国准备进攻楚国。2.魏国准备进攻楚国。3.魏国也准备进攻楚国，所以魏国和秦国可以联盟。不难看出，1和2是归纳推理的关系，而1和3是演绎推理的关系。

因此通过上述的内容，我们就可以得出两个结论：

1.在归纳推理中，通常要保持信息的主体不变，改变具体行为；或者保持行为不变，改变主体。换句话说，主体即句子中的“主语”，而行为即句子中的“谓语”，两者只能改变一个。

2.在演绎推理中，步骤1与步骤2的关联是有相同“主语”的，或是有相同“谓语”的，即关联的内容只能是主体或行为，否则推理无法成立。

关于这两点，我们可以通过反复思考上文中的例子或者张仪的故事，得到更好的验证和理解。

职场案例

你作为西南地区市场的开拓专员，已经获得了总公司的进一步支持，但如今又有新的问题摆在了你的眼前，那就是本地同类型企业对你形成了一种联合的抵制。他们的产品与你的产品互为替代品，本地市场已经十分成熟，这无疑让你的市场开拓陷入困境。目前唯一的方法，就是与本地企业达成战略合作，这样才能打破僵局。

案例分析

当今的市场竞争的复杂程度并不亚于春秋战国时期的政治、军事博弈，或者说由于科技和时代的发展，这样的竞争会更加激烈。所以在思考下一步时，你需要灵活运用"演绎推理"与"归纳推理"来形成自己的商业策略。

首先运用演绎推理将自己的战略构想推演出来：

1. 所有企业都以盈利为目的，本地企业之间也存在竞争。

2. 我要找到一个需要拓展市场的企业。

3. 所以，我可以通过帮助一个本地企业拓展市场，来达成合作。

确定好第一个方向后，我们继续向下推演：

1. 本地同类型企业的产品与我的产品互为替代品，我们与这样的企业合作必然存在冲突与矛盾。

2. 本地的产品材料供应商与我们不存在竞争。

3. 所以我们可以与本地原材料供应商达成合作。

接下来我们再看与本地原材料供应商合作带来的好处：

1. 本地原材料供应商与我们不存在直接的冲突。

2. 本地企业的生产需要原材料供应商的支持。

3. 与供应商达成战略合作，可以反制本地企业，从而开拓市场。

现在我们已经确定要先和本地原材料供应商达成合作，接下来的问题就是如何让本地供应商愿意与我们合作。这里需要注意的是，本地供应商与当地企业的合作已经非常成熟，且拥有稳定的市场需求。如果本地供应商真的和我们合作的话，不仅会使本地市场的客户受到影响，还要面临原材料的运输方式改变等一系列问题。那该如何说服本地供应商与我们达成合作呢？这就需要继续运用归纳推理的方法了。

1. 我们的总部在原有地区拥有更加广阔的市场，对原材料的需求量很大。

2. 我们的产品价值更高，利润更大。

3. 我们已经得到了总部的支持，可以在当地建厂，可以降低运输成本。

4. 生产工艺的改进能增加原材料的价值。

5. 生产工艺的改进能让企业更好地适应时代的发展。

根据归纳推理的方法，我们可以将1、2、3放进一组，将共性概括为“我们可以为本地供应商带来更大的利润”。4、5则可以概括为“合作带来的改变能让企业升级”。

最后，根据以上两种逻辑推理后的结论，形成我们的金字塔模型，便可以与西南地区的原材料供应商达成合作，从而完成我们西南地区的市场开拓任务。

章节总结

1.基本信息的逻辑推理有两种方式，即“演绎推理”与“归纳推理”。

2.演绎推理的三个步骤：(1)说明一种已经公认的情况。(2)说明另一种与之相关联且同时存在的情况。(3)说明两种情况同时隐含的内容。

3.归纳推理的两个准则：(1)正确定义该组信息的共性，要让这个共性为我们的主题服务。(2)删除该组信息中与其他信息不匹配的信息。

4.注意事项：(1)在归纳推理中，我们通常要保持信息的主体不变，改变具体行为；或者保持行为不变，改变主体。(2)在演绎推理中，步骤1与步骤2的关联内容只能是主体或行为。

第二章

运筹帷幄

思考方式很重要

将金字塔原理熟练应用在语言表达层面上，往往需要经常练习。学会在我们的日常生活中快速搭建金字塔模型，可以帮助我们解决各种问题，从而实现破阵。通常情况下，你可以很快地确定你要表达的观点，并通过思维引导的方式，以讲故事的形式打破听众原有的节奏，集中他们的注意力，从而将他们带入你建立的节奏之中；然后可以根据基本信息之间的关系，进行归纳概括或演绎推理，最终将你的观点以金字塔的形式呈现出来，达到你所期望的效果。

需要注意的是，金字塔原理不仅仅可以应用在语言表达层面上，还可以应用在思考的过程之中，让你的思路更加清晰且严谨，能够更好地分析并处理问题。

与应用在表达层面的金字塔原理不同的是，当你在使用金字塔原理进行思考时，常常会陷入一种罗列大量基本信息却找不到重点的困境。或者说，即使你花了大量的时间与精力，将繁杂的基本信息梳理清楚，最终也没能得出一个可行的核心主题，不能为你解决切实的问题。

诚然，将所有基本信息都列出来是一种严谨且认真的工作方式，但成功的破阵者们不该止步于此。我们应该继续深挖各组信息所蕴藏的思想重心，准确地得出一个可以解决问题的核心主题。这便是思考的作用，也是本章将介绍的主要内容。

1 曲线救国 耶律大石

——学会思考的顺序

根据前面的内容，我们已经了解到，在构建金字塔的过程中，所有放在同一组的信息之间必定存在某种逻辑。所以我们可以清楚地将有逻辑关系的内容放入同一组信息之中，并且不会遗漏任何与之相关的内容。还有很重要的一点需要我们注意，那就是在这一组逻辑关系中，是否已经明确地划分好它们的逻辑顺序，即同一组信息是否属于金字塔的同一层，它们之间的逻辑层级是否是相同的。

如果运用我们前面所学到的演绎推理方法，就比较容易理解和解决这个问题。因为演绎推理的实质就是“原因”和“结果”，所以我们只要根据因果关系进行推理，就不难发现信息之间的逻辑顺序。

但如果运用的是归纳推理的方法，或者说信息只能支持使用归纳推理的方法进行概括总结，那么根据归纳推理法的创造性思维，你就必须自己去选择逻辑顺序。因此，你需要掌握选择逻辑顺序的方法，并且能够准确地判断选择的逻辑顺序是否正确，这是解决实际问题的基础环节。

经典案例

如果说中国历史上有哪些绝对硬核的历史人物，那耶律大石毫无疑问名列其中。他的一生用“波澜壮阔、气吞万里”来形容，绝对一点儿也不夸张。从末代名将、亡国之臣，到金国俘虏、割据军阀，再到开国皇帝、中亚霸主，他的每一次的身份转变都堪称奇迹中的奇迹。尤其是他在中亚地区建立西辽帝国，让中华文明在中亚地区开花结果，并击败塞尔柱帝国的联军，威名远播欧洲。

耶律大石出身辽国皇族，是辽太祖耶律阿保机的八代孙，从小好学，文武双全，不仅善于弓马骑射，而且精通汉族文化。然而这样的人却生不逢时，他所处的那个时代，女真族已经在北方崛起并建立了金国，南边的北宋又与金人建立了“海上之盟”，形成了南北两面夹击辽国的态势，曾经强盛的辽国已经是危若累卵。

公元1122年，金兵大举南侵，一路攻克辽国的重镇，当时的辽国皇帝天祚帝耶律延禧仓皇逃窜不知所终，只留下耶律大石镇守南京（辽国五京之一，位于现在的北京）。在这种情况下，耶律大石身为辽国最后的名将，做出了一个极其离经叛道的决定，那就是拥立耶律淳继位，建立北辽并且向金国请求称臣，又试图与北宋修好。这样的做法的确有违臣子的本分，却给辽国留下了最后的“火种”。然而，当时的北宋君臣认为这是夺回燕云十六州的好机会，执意要收回燕云十六州，直接出兵二十万攻打南京，结果接连两次被耶律大石击败，最后只能作罢。

尽管如此，金国的攻势依然十分凶猛，耶律大石虽然能够凭借辽国残余力量击败北宋军队，却不可能与强势的金国对抗，仅仅一年之后，耶律大石在与金国的作战中兵败被俘。这时，耶律大石又做了一件极其离经叛道的事情，那就是给金军带路，偷袭了还在流亡的天祚帝耶律延禧的大营。耶律大石在这之后，取得了金人的信任，成功从金营逃脱。

逃亡后的耶律大石又找到了还在流亡的天祚帝，试图收拢辽国残余军队和人民，继续对抗金国，最终复兴辽国。然而天祚帝十分痛恨耶律大石在南京拥立耶律淳的行为，也不愿意听从耶律大石“养兵待时”的意见。耶律大石明白，天祚帝注定是个亡国之君，自己在他这里根本不可能复兴辽国。于是他再一次做出了一个离经叛道的举动，那就是趁天祚帝与金人作战的时候，带领着自己的两百亲信逃走了。

随后，耶律大石与他的亲信们经历了一场死亡之旅，穿过了漫无边际的大沙漠，找到了一处适合发展的栖息地，在这里收拢辽国残存的士兵和当地的少数民族部落。经过一段时间的休养生息后，耶律大石一路向西进发，先后征服了高昌回鹘和东喀喇汗国，定都八剌沙衮，正式在西域地区建立西辽帝国。

此时的耶律大石并没有忘记初心，他还要继续收复故土，复兴辽国，于是派军东征金国。然而曾经为他阻挡金国的大沙漠此时也阻挡了他自己，这一次东征大军行至一半，就因为恶劣的天气损失了大半物资，只能收兵返回。

虽然复兴辽国的计划失败了，但是耶律大石没有放弃。他想既然没有办法收复故土，那就为辽国开辟新的疆土！就这样，耶律大石再一次西征，击败了河中地区的强国西喀喇汗国，夺取了费尔干纳盆地，试图控制丝绸之路。耶律大石的行为惹恼了另一位霸主——塞尔柱帝国的统治者桑贾尔，这个狠人并不亚于耶律大石，当年欧洲第二次十字军东征，就是被桑贾尔给打回老家的。

公元1141年，桑贾尔率领十万联军与耶律大石展开会战，史称卡特万战役。耶律大石一举击败了桑贾尔的联军，彻底成了中亚地区的霸主，无人能与之争锋。

两年后，耶律大石驾崩，结束了其波澜壮阔的一生。

纵观耶律大石的故事，我们不难发现，他的一生中有许多重要的转折点，他每次面临抉择的时候，都会开启一段传奇的经历，其中有些抉择还不是那么容易被世人所接受。那么他究竟是在怎样的思考之后，完成了属于他的破阵之举呢？我们又能否从他的人生经历中，寻找到有关逻辑顺序方面的智慧呢？

逻辑顺序的三种模式

我们之所以将基本信息组合在一起，是因为它们之间存在着某种逻辑关系，我们先看耶律大石遇到的第一个难题。

1.金国与北宋联合夹击辽国。

2.辽国皇帝不知所终。

3.自己留守南京，力量薄弱。

4.军心涣散，无心抗敌。

面对这样一组信息，我们首先要分析它们之间的逻辑关系，于是得到三种不同模式的逻辑顺序。

1.以前因后果来确定逻辑顺序。

金国与北宋夹击、皇帝不知所终、自身力量薄弱、军心涣散，这几个方面的原因造成了无力抵抗外敌的结果。

2.将整体划分为部分或将部分组成整体来确定逻辑顺序。

金国与北宋夹击、皇帝不知所终、自身力量薄弱、军心涣散，这几个方面的局势构成辽国目前的整体局势——无力对抗金国。

3.将类似的信息分成一组来确定逻辑顺序。

辽国所面临的外部危机是金国与北宋夹击；内部危机是皇帝不知所终、自身力量薄弱、军心涣散。

以上三种逻辑顺序的思考方式都是正确的，也都可以根据具体情况不同而单独使用。根据以上分析，我们可以看到，耶律大石得出的结果和我们是一样的，那就是在这种情况下他无法对抗金国。但他是一个有远大抱负的人，为了复兴辽国，他必须为辽国留下“火种”，所以耶律大石宁可另立新皇，向金国称臣，也要坚持自己的复国之路。

下面我们继续来了解这三种逻辑顺序的具体运用方式。

以前因后果来确定逻辑顺序，思考的是时间

当你在思考的过程中决定采取某种行动的时候，你必然会认为你的行动能取得某种预期的效果。所以你首先要做的就是确定你要达到的目标是什么，以及为了达到这个目标，你应该采取哪些行动。

当你为了这个目标采取了多种行动的时候，这些行动就共同形成了一个过程或一个体系。换句话说，就是它们是产生同一种结果的所有原因的集合。因此，你在逻辑上的思考顺序，就是要在这个过程或体系中确定的，这个顺序必然会以时间顺序的形式呈现。

耶律大石的目标一直十分明确，那就是复兴辽国。所以他采取了以下的行动：

1.另立新皇帝耶律淳，成立北辽。

2.向金国请求称臣，试图与北宋修好。

3.抵抗北宋和金国的进攻。

4. 被金人俘虏，给金军带路，获取信任。

5. 逃出金营，投奔天祚帝。

6. 离开天祚帝，建立新势力。

7. 征服西域，积攒实力。

8. 派兵东征。

9. 东征失败，继续西征。

可以看到，耶律大石的所有行动都指向他的最终目标。在不同阶段，他的行动也都有着自己的小目标，并且完成的各个小目标有着明显的时间顺序。例如：

在成立北辽阶段，他首先另立新皇帝，然后向金国请求称臣，最后抽调兵力对抗北宋军队。因为如果不另立新皇帝，成立新政权，那么他就没有合理的身份向金国称臣；如果不向金国称臣，他就没有精力抽调兵力对抗北宋军队。通过这三个步骤的依次实施，耶律大石完成了这个阶段的小目标，即保存辽国的“火种”。

在被俘阶段，他首先是给金军带路获取信任，然后找机会从金营逃出，最后回到天祚帝的身边，重新发展势力。因为如果金军不信任他，那么他就不可能有机会逃跑；如果没有机会逃跑，他就不能回到天祚帝的身边；如果不回到天祚帝的身边，他就不可能有重新发展势力的机会。同样的，通过以上三个步骤的依次实施，耶律大石完成了这个阶段的小目标，即重新发展势力，准备复国。

由此可见，以前因后果来确定逻辑顺序，需要思考的就是各个行动实施的时间。

将整体划分为部分或将部分组成整体来确定逻辑顺序，思考的是结构

与以前因后果来确定逻辑顺序不同，将整体划分为部分或将部分组成整体来确定逻辑顺序更侧重于分析事物的内在结构，即先将一个相对庞大的目标分成几个小目标，再看这几个小目标都需要什么样的构成条件；抑或是将一些散落的小目标形成一个整体，使其达成统一的目标。这就需要你对所处理的问题足够了解，能够找到解决这个问题的所有角度，以及每个角度都有什么样的构成要素。换句话说，就是你要解剖你所面临的问题的内部结构。

耶律大石目标一直很明确，那么我们就来分析一下他在实现目标的过程中所要面对的所有问题。

内部方面：

1. 需要一个强有力的领导者。

（1）领导者需要有休养生息的意识。

（2）领导者需要有足够的军事指挥能力。

（3）领导者需要有坚定不移的复国抱负。

2. 需要一批能够同仇敌忾的民众。

（1）民众要足够多。

（2）民众要同心同德。

（3）民众要能够安定地从事生产。

3. 需要一片能供养军队的土地。

（1）土地要足够安全，可供防守。

（2）土地要足够富庶，能为军队提供给养。

（3）土地要足够大，能满足与宋金对抗的需求。

外部方面：

1. 需要能击败北宋的军队。

（1）军事实力不能低于北宋。

（2）瓦解北宋与金人的联盟。

2. 需要能击败金国的军队。

（1）军事实力不能低于金国。

（2）联合辽国故地的少数民族。

3. 需要击败阻碍自己发展的其他势力。

（1）击败自己势力范围内的势力。

（2）击败对自己造成威胁的势力。

由此可见，当分析完耶律大石实现复国的目标结构后，我们就不难看出，他在实现目标的过程中所做出的各种选择。例如，在领导者这一方面，天祚帝耶律延禧显然不满足实现目标的条件，因此耶律大石选择另立新皇帝，后来甚至自己当皇帝。而在土地方面，耶律大石则选择了拥有大沙漠的可以阻碍金人部队进攻的西域地区，在此地休养生息并发展自己的势力。至于外部方面，我们在了解完耶律大石的故事后，不难发现他正是这样去做的。

将类似的信息分成一组来确定逻辑顺序，思考的是程度

当你将手里的信息和需要面对的问题罗列出来之后，按照内容的共性将它们分组、归纳、概括，实际上并不是一件很困难的事。问题是，这些信息之间虽然都有共性，但其重要程度是不一样的。

例如，你现在正坐在考场考试，马上就要到交卷时间，但你还有很多题没做完，一部分是一分一道的选择题，一部分是十分一道的简答题。尽管选择题与简答题都是你在完成目标中所要处理的问题，你可以按照共性的原则将它们都归纳到同一组中，但很显然这两个问题的重要程度是完全不同的，这个重要程度就是你要去思考的。

我们继续回到耶律大石所面对的问题中，试着按重要程度去思考其实现目标的逻辑顺序。

1.复国的前提是他能够生存。

（1）他自己必须活下去。

（2）辽国的复兴力量必须存在。

2.复国的条件是他能够发展。

（1）他需要一支可靠的军队。

（2）他需要一块富庶的土地。

根据上面的信息，我们发现在生存和发展这两个类别中，显然是生存更加重要一些。他想复国，最重要的就是不能被消灭。所以他才趁天祚帝与金人作战的时候，选择带领着自己的两百亲信逃走，既保全了自己又保存了辽国的复兴力量。

而在生存这一组内容中，显然是“他自己必须活下去”更重要一些，毕竟当时的天祚帝耶律延禧真的是太不靠谱了，整个辽国只有耶律大石是一个有能力复兴辽国的人。所以相对于保存辽国的复兴力量，耶律大石自己活下去更重要，因此他在被俘后为了活下去，选择给金军带路。

职场案例

你是一个刚刚步入职场的新人，满怀着信心和憧憬来到了一家公司工作。然而工作一周后，你发现事实并非如你想象的那般美好。这家公司内部管理十分混乱，你的工作压力十分沉重，而且你作为新人也没有老员工能够带你成长。唯一值得欣慰的就是这里的工资待遇刚好可以满足你如今的生活需求，能够让你交上房租和吃饱饭，能够让你在这个陌生的城市中立足。但你的目标并不仅仅是在城市中生活，而是要成为一个职场中的精英人物，那么面对这样的情况，你该如何抉择？

案例分析

这样的问题，我相信大家在刚刚步入职场的时候，都曾经遇到过，一边是前途无望的职场环境，一边是生活的压力，很容易让人陷入迷茫。最重要的是，如果没有做好抉择，很容易影响到未来一两年的职业规划。这个时候，我们就需要去思考完成目标的逻辑顺序。

这样的困境显然需要我们在生存和发展之中做出抉择。那么我们就试着去思考当下面临的所有问题的重要程度。

生存方面：

1. 需要更高的薪资待遇。

2. 需要缴纳每个月的房租。

3. 需要满足基本生活消费。

发展方面：

1. 需要一个更好的职场环境。

2. 需要提高自己的工作能力。

3. 需要长远的发展空间。

接着我们思考各问题的重要程度，很显然，我们的处境和耶律大石是完全不同的。尤其是刚毕业的时候，在生存方面，我们仍然可以获得家庭的支持，虽然会面对生活的一些压力，但是这份压力远远没有以后的发展重要，所以在逻辑顺序上可以直接选择发展。因此，换一份工作就是首先要解决的问题。那么应该换一份什么样的工作呢？我们继续看发展方面的具体问题。

从长远的角度看，刚毕业的我们进入职场，最缺少的是工作经验和工作能力。有了真正的工作能力，我们就更容易得到更好的职场环境和更长远的发展空间。因此我们换工作时，首先要考虑的就是这份工作能否提高自身的工作能力。

章节总结

1. 逻辑顺序的思考方式有三种：以前因后果来确定逻辑顺序，将整体划分为部分或将部分组成整体来确定逻辑顺序，将类似的信息分成一组来确定逻辑顺序。

2. 以前因后果来确定逻辑顺序，思考的是时间；将整体划分为部分或将部分组成整体来确定逻辑顺序，思考的是结构；将类似的信息分成一组来确定逻辑顺序，思考的是程度。

2 再造大明 于谦

——按时间顺序思考

在上一节的基础上，我们将继续延伸三种逻辑顺序的思考方式的内容。首先是以前因后果来确定逻辑顺序，其本质在于思考各组成部分的时间顺序。事实上，按照时间顺序进行思考是一种直观且易于理解的方式。这样的逻辑思考顺序应用非常广泛，大多数人从小就开始不自觉地运用它来解决问题。也就是我们经常说的，做一件事，第一步要如何，第二步要如何，第三步要如何。其内在逻辑是各步骤之间存在因果和承接关系，换句话说就是第一步是第二步的前提。

不过，这种逻辑思考顺序存在一个问题，那就是我们在思考实现目标的组成要素时，这个要素可能是具体的可以实施的“行为”或“行动”，或者是带有行动性质的思想，如“建议”和“请求”，也可能是我们在潜意识中直接得出的结论。这就容易让我们在实际思考中混淆“原因”与“结果”，最后导致逻辑混乱，抑或是不自觉地忽略思考过程中的某些步骤。这在破阵的过程中，是很可能会出现问题的。

那么我们该如何避免按时间顺序思考出现逻辑混乱呢？如何避免出现思维遗漏的现象呢？

经典案例

明朝正统十四年（1449年）八月十四日，这一天可以说是整个大明王朝最黑暗的一天，因为在这一天，大明皇帝朱祁镇所率领的明军，在土木堡被也先的大军彻底击败。主战场的二十万明军主力几乎死伤殆尽，而配合主战场作战的其他部队，伤亡人数也接近三十万，至于兵器盔甲、粮食物资、人口财帛损失更是不计其数。

更为严重的是，在这场战役中，明军里有统兵经验且能打仗的将领，还有高级官员也都大多战死，连大明皇帝朱祁镇本人都被也先俘虏。可谓是明朝自建立以来，从未有过的大败和耻辱。

不过耻辱归耻辱，仗虽然打败了，但是大明的日子还得继续。只是也先哪里会给大明喘息的机会？土木堡之变后，也先稍加休整便率兵乘胜追击，直逼大明京师。要知道，大明王朝自靖难之役后，首都就迁至如今的北京，号称“天子守国门”，所以也先的军队很快便兵临北京城下。

而此时的北京城里，已经乱成一锅粥，大部分居民都被也先吓破了胆。能打的主力部队基本上群龙无首，甚至连皇帝都被俘虏了，这一仗怎么跟也先打？退一万步说，就算大明还有能打仗的兵，也没有能带兵的将领了。没有人指挥的军队，与待宰的羔羊没有什么区别。于是众大臣纷纷建议南迁避难，能跑多远跑多远，似乎要重蹈北宋靖康之耻的覆辙。

就在这个最危急的时刻，于谦站了出来。他力排众议，极力主张保卫北京，反对迁都。在于谦的劝说下，吏部尚书王直、内阁学士陈循等人，也都支持坚守北京的决定。但随之而来的一个问题就是，拿什么去保卫北京呢？

此时的北京城里，要兵没兵，要将没将，甚至连皇帝都没有。如果坚守北京的话，北京城里也没有足够的粮食，偌大的都城中没有粮食，军民都要被活活饿死。这还不算完，挡在于谦面前的还有一个十分棘手的问题，那就是皇帝在人家的手里。自古以来都讲忠君爱国，皇帝的话就是圣旨，做臣子的怎么能够违背？至于“挟天子以令诸侯”的事儿，也先虽然不是中原人，但这种事儿估计也不用别人教。如此一来，北京城里人心涣散，人人自危，哪儿还有坚守抗敌的决心呢？

面对重重困难，于谦首先提出了“社稷为重，君为轻”的口号，拥立朱祁钰为帝，将远在也先手里做俘虏的朱祁镇尊为太上皇。这样明朝有了新君，也先也就无法“挟天子以令诸侯”。而且大明又有了皇帝当精神支柱，涣散的民心也逐渐稳定了下来，于谦也就能集中精力着手做好保卫北京的各项准备。

朱祁钰上任后，于谦被升为兵部尚书，负责北京保卫战的部署工作。这对原本只是文官出身的于谦来说无疑是一个极大的挑战。但于谦没有惊慌失措，反而是有条不紊地依次开展各项工作。

第一步，解决军队的问题。北京的三大营已经在土木堡全军覆没，周边各地的作战部队也都所剩无几，整个北京城满打满算，还拿得起武器的人也不到十万，防守巨大的北京城，可能连面城墙都站不满，兵力严重不足。于是，于谦火速抽调各地民兵和预备役部队，又从山东和沿海地区抽调了原本防御倭寇的海防部队，让他们火速驰援北京。虽然这些都是没怎么打过仗的非正规军，但总算是有人可用了。

紧接着于谦就开始了第二步，那就是解决粮食的问题。其实虽然当时的北京城没有什么粮食，但是富庶的大明有很多囤粮。在距离北京不远的通州粮仓中，就储存了数百万石粮食，足够北京军民吃大半年的。但问题是现在北京城内空虚，城外又时不时有也先的骑兵四处劫掠，根本没人敢出城运粮。

面对这个问题，于谦让各地来北京驰援的军队一律从通州进入北京，在通州能带多少粮食就带多少，带走的粮食就是个人的军饷，如果带得多，朝廷还给额外的奖励。这条命令一发布，所有来北京驰援的军队的积极性一下子就被调动起来了，所有士兵都拼命地运粮食，没过几天就把存量几百万石的通州粮仓给搬空了。如此一来，粮食的问题也解决了。有了足够的粮食之后，军心民心都更加稳固了，众人也都有了与也先一战的信心和决心。

于谦的最后一步，便是抓紧时间训练并整编这些没有作战经验的非正规军，让他们迅速提高战斗力，拥有能够与也先大军抗衡的实力。同时为了保证在战斗中有足够的军械，于谦一方面组织人手加紧在城内进行生产军械，另一方面则是派人去土木堡的战场收集散落在战场上的兵器与盔甲。

明正统十四年（1449年）十月初，北京保卫战正式打响。于谦依靠着充分的战前准备以及坚定的抗敌决心，运筹帷幄，先后击退也先的数次进攻，最终在北京城下大破也先的军队，成功保卫了北京。可谓是挽狂澜于既倒，扶大厦之将倾，挽救了岌岌可危的大明王朝。

在于谦的故事中，他之所以能在绝对劣势的情况下打赢这一场北京保卫战，是因为他将几个准备工作安排得井井有条，这充分体现了按时间顺序思考的重要性。在那样复杂且混乱的情况下，于谦仍然准确地做出了最优决策方案，实现了最后的破阵。这一成功案例正好可以解答我们在本节开篇中提到的问题，即如何避免按时间顺序思考出现逻辑混乱和思维遗漏。

根据结果寻找原因

同一组行动通常是为了达成某种共同的目标，但是如果完成这一过程的周期过长或者步骤过多，那么就可能导致多个层面的原因与结果的出现，从而造成逻辑混乱。为更清晰地说明这一点，我们可以先举一个简单的例子。

为了完善企业经营的模式，我们需开展如下工作：

1. 组织各项目部的主要负责人参加会议。

2. 记录各项目部门的工作方式与工作流程。

3. 确认所有项目部的关键业务环节。

4. 分析当下企业的管理模式。

5. 观察工作人员的工作情况。

6. 找出企业目前存在的问题。

7. 解决问题并寻找转型和创新的机会。

首先，为完成一个目标，7个步骤显然有些多。其次，这7个步骤虽然都是按顺序进行的，但并不属于同一个逻辑层面。也就是说，其中一些步骤，是另一些步骤的前提或基础，它们之间存在明确的因果关系。因此，为了避免逻辑上的混乱，我们需要将这些步骤清晰地划分出来。划分之后的步骤如下：

A. 确认所有项目部的关键业务环节：需要组织各项目部的主要负

责人参加会议；需要记录各项目部的工作方式与工作流程。

B.找出企业目前存在的问题：需要“A”；需要分析当下企业的管理模式；需要观察工作人员的工作情况。

C.解决问题并寻找转型和创新的机会：需要“B”。

经过这样的规划和组织，我们可以清楚地看出每个步骤之间的因果关系，从而确定每个步骤的实施顺序，并且还能检查每个步骤是否得当，是否能够得到我们想要的结果或目的。在这个过程中，如果我们想要避免出现因果关系混乱的情况，就要假设采取了上文中的某一个步骤，并想象这一个步骤带来的结果。然后以此来判断这一个步骤到底是另一个步骤的因还是果。

回到于谦保卫北京的故事中，我们可以先列出他所面临的几个问题，以及他解决问题的步骤和方法。

想要达到击败也先大军保卫北京的目的。

1.需要解决人心的问题：需要有个皇帝，需要人心稳定。

2.需要解决军队的问题：需要有军队，需要有装备。

3.需要解决粮食问题：需要有粮食，需要有人运粮食。

我们单看这些步骤，并没有什么问题，只要依次解决就好了，但在实际操作中，这些步骤之间存在着明显的因果关系，所以按照时间顺序进行思考后，是绝对不能按照以上的顺序进行的。例如：

于谦想要打赢这场北京保卫战，前提是军民需要上下一心，所以这里首先就需要一个新的皇帝。

无论是运粮食，还是去战场上收集装备，都需要有充足的人手，但北京城里显然是没有这么多人的，所以这就需要先调集军队来支援北京。

想要稳定北京城里的人心，那就需要让百姓看到城里已经有了足够的粮食和军队，所以这三点就是稳定人心的前提。

综上所述，于谦如果要在也先的军队到来前解决所有问题，就必须按照以下的顺序实施。

1.拥立朱祁钰为新君，让大明王朝不至于群龙无首。

2.调集各地前来支援的军队，并命令来支援的军队从通州粮仓运来粮食。

3.组织军队训练并整编军队，派兵前往土木堡战场收集装备。

通过于谦的故事我们可以得知，他正是按照顺序依次实施了这三个看似简单的步骤，最终打赢了这场北京保卫战。

发现隐含的逻辑思路

在按照时间顺序进行思考时，我们常常会出现忽略思考过程中的一些隐含的逻辑思路而直接得出结论的情况。这个时候就需要我们细心发现那些隐含的逻辑思路。我们继续用于谦的例子进行分析。

于谦打赢北京保卫战的总结。

1.足够的权力：能够调集军队，能够调集粮食，能够组织军队行动。

2.足够的谋略：在战前准备中各步骤实施顺序得当，在战争中指挥思路清晰。

3.上下一心：新皇帝支持，大臣支持，百姓有信心，军队有决心。

以我们前面所学到的内容来审视这三个结论，可以看出其中并没有什么逻辑问题，每一个结论都有其独特的意义，每一组内容都存在共性。如果你按照时间逻辑顺序去检查这段内容，你会发现这段内容其实就是在说“如何才能打赢一场古代战争”，而这是可以用更清晰的方式进行表述的。

如何才能打赢一场古代战争？

1.需要皇帝的支持，需要拥有足够的权力。

2.妥善调配各种战争资源，并对资源进行正确的使用。

3.使百姓拥有赢得战争的信心，使军队拥有作战的决心。

在这个基础上，我们再去思考是否遗漏或忽略某些对于“打赢古代战争”至关重要的步骤，并对这些步骤进行合理的判断。例如：

这场战争是正义还是非正义的？古代战争容易被恶劣天气所影响，天气是否也应该考虑进去？还有敌方的具体情况是什么样的？作战的地形又是什么样的？

通过这些问题，我们可以对忽略掉的逻辑过程进行重新思考，从而检验我们的逻辑是否严密，是否有隐藏起来的逻辑思路。例如：

在于谦的故事中，于谦一方是抵抗侵略者的，所以这必然是一场正义的战争，显然这一信息就在潜意识中被我们隐藏掉了。

生活案例

最近你要迎来人生中的一件大事，那就是筹备自己的婚礼。这自然会存在很多需要考虑的事情，而且一旦出现纰漏，可能导致十分严重的后果。因此你准备把相应的事情罗列出来，并且进行检查，以便做到万无一失。目前你能想到的事项如下：

1.婚纱照的拍摄；请柬的发放，包括电子请柬和纸质请柬。

2. 婚礼地点的选择，外地亲友的住宿安排，婚车的安排。

3. 伴郎、伴娘的安排，婚礼当天的仪式，现场组织者的安排。

案例分析

根据本节的内容，我们按照时间顺序去思考，很容易就发现这三个事项之间存在着明显的因果关系，也就是某些事项的准备决定了后续事项的发展。所以这份计划的主题应该根据时间顺序重新罗列。

1. 婚礼前的准备：婚纱照的拍摄，婚礼地点的选择，外地亲友的住宿安排，请柬的发放。

2. 婚礼当天事项：伴郎、伴娘的安排，婚车的安排，结婚当天的仪式，现场组织者的安排。

接下来继续对以上两项主题之间的逻辑关系进行检验，你就要思考在时间顺序中，这些事项之间是否还隐藏逻辑思路，以免出现纰漏。例如：

婚礼地点是不是可以和亲友住宿的酒店安排在一起？这样便可以节约亲友前往婚礼现场的时间。现场组织者是否可以和伴郎、伴娘的人选重合？这样便能减少出现组织者与新郎、新娘沟通不及时的问题。

如果你继续深挖其中的关系，可能还会发现更多的细节。例如：

如果将婚车的引导和安排交给适合的伴郎、伴娘，是不是可以确保自己能更专注应对其他事情？抑或是结婚当天的仪式流程，是不是可以在请柬上进行介绍，方便参加婚礼的亲友们做好一定的准备？

这样的提问可以有效地防止因在逻辑上出现遗漏而导致出现的不可预料的问题。

章节总结

1. 按照时间顺序进行思考，容易出现逻辑混乱和思维遗漏的问题。

2. 根据结果寻找原因，并发现隐含的逻辑思路，可以有效地避免逻辑混乱和思维遗漏这两个问题。

3 千古逆袭 朱元璋

——按结构顺序思考

结构顺序就是将你的目标分解成小目标，根据各个小目标需要什么样的构成条件来决定行动的顺序。这样的顺序通常会有一个清晰的结构模型，以便我们在破阵的过程中，把问题分析得更加清晰。需要注意的是，对结构的划分必须合理。因此，我们需要遵守以下两条准则：

1. 各部分之间相互独立，没有内容的重复。

2. 各部分必须分到不能再分为止，不能出现遗漏。

下面我们通过朱元璋的建国之路，来分析其中的逻辑，继续丰富我们的破阵思维。

经典案例

在我国古代，每逢朝代更迭的乱世，都会爆发数次由农民组织的起义，然而在这些农民起义中，很少有人能够真正平定乱世成就霸业。他们的起义大多都只是给后来的帝王铺路，虽然声势极大，但是往往都是一闪而过。严格来说，纵观中国封建王朝历史，真正能算是起势于农民起义，最后成功建立新王朝的，恐怕只有朱元璋一人。

究其原因，主要还是因为其他农民起义的领袖，都缺乏能够让起义军不断发展壮大的核心战略思想。这样的起义只是初期轰轰烈烈，发展没几年就被当时的封建统治者或者其他起义军剿灭了。而朱元璋之所以能够成功，不仅仅是因为他拥有超凡的领导能力，更因为他在面对混乱局势时有自己独特的思维逻辑。这样的思维逻辑让他区别于其他的起义军，也让他最终能够建立后来的大明王朝。

“高筑墙，广积粮，缓称王”就是朱元璋在起义之路中发展出来的核心战略思想，也是他夺取天下的关键（据说是谋臣朱升提出的，我们暂且把它归结到朱元璋的名下，便于理解）。

“高筑墙”是一个比较抽象的概念，并不是指真的去修很高的城墙，而是指大力巩固已经得到的根据地，加强防御，巩固胜利成果，建设一个稳定且安全的后方。这三个字虽然看起来很容易，却是许多农民起义军都没有做到的。例如唐代的黄巢起义，以及明末的李自成起义，这两支起义军都曾经盛极一时，连朝廷的正规军都拿他们没有办法，但就是因为没有一个稳定的后方，始终都是处于流寇状态，一旦战败就要从头再来，所以都无一例外地失败了。

“广积粮”是指发展生产，休养生息。朱元璋起义的时代是元末乱世，当时在元朝的腐败统治之下，土地荒芜，民不聊生。因此让百姓能安定地从事生产活动，开垦土地发展农业，就成了民心所向，这也是发展自身实力的重要部分。至于其他起义军，一般不会带领百姓从事农业生产，因为他们的粮食基本上都是通过劫掠百姓所得。而这样的做法只会让原本就已经十分落后的社会生产力变得更加落后，不但是一种不可循环的模式，而且会失掉民心。

要知道，在古代让起义军不劫掠是一件非常不容易的事情，因为参加起义的人，基本上都被封建统治者压迫得太久，一旦参加起义，他们必然会释放这种长期积压的不满。起义军的首领对这一点自然心知肚明，因此往往会纵容部下劫掠，认为这样不仅能增长士气、维持部队稳定，还能吸引更多的人加入。但是这种做法往往导致起义军以失败告终。

“缓称王”是外交方面的策略。在当时的局势中，朱元璋不仅要面对元朝军队的围剿，还要对抗其他几支起义军，所以这时候就要尽量避免成为众矢之的。而不称王称霸，一方面可以让元朝政府认为他是一个没什么野心的人，从而先集中精力对抗其他起义军，朱元璋便可以休养生息；另一方面，可以麻痹其他起义军，防止出现要同时面对多个敌人的局面。要知道，在乱世中获得了自己的地盘，发展了自己的势力，还能不自我膨胀并不容易。尤其还要在其他势力面前示弱甚至是臣服，这对人的心性是一个极大的考验。但是朱元璋做到了，因此他取得了最终的胜利。

通过朱元璋的故事，我们不难看出所谓的“高筑墙，广积粮，缓称王”实际上就运用了将一个整体目标划分为不同部分的逻辑思考方式。也就是说，朱元璋深知在乱世之中想要成功，应该在各个方面要取得一定的成果，这便是按目标结构顺序进行思考。

按结构顺序思考时的注意事项

在按照结构顺序进行思考时，你会发现即使已经将整体目标分解成了各部分的目标，但是在思考具体行动顺序的时候，还是会陷入是按照“时间顺序”还是“程度顺序 ”的考量之中。这也是结构顺序不容易被理解的地方，我们先看一下三种思考顺序的应用情况。

1.如果目标划分后强调组成目标的各部分能形成一个有因果关系的逻辑过程，那么就要按照时间顺序去安排行动步骤。

2.如果目标划分后强调对目标完成的重要性，各部分出现不同程度的归类，那么就要按照程度顺序去安排行动步骤。

3.如果目标划分后强调的是“地点”，各部分呈现的是“地理”状态的分布，那么就要按照结构顺序去安排行动步骤。

要注意，第3点中的“地点”和“地理”并不是真的指各部分的实际位置，而是指各部分之间所处的方面或思想行动上的不同，因此在共同组成一个统一的目标时，不存在顺序上的冲突。换句话说就是，在将目标划分后，发现各部分可以在完成目标的过程中同步进行，那么就可以按照结构顺序安排行动步骤了。

用朱元璋的故事举例：他的“高筑墙，广积粮，缓称王”是同一个目标在不同方面的组成部分，在“高筑墙”的同时可以“广积粮”，在“广积粮”的同时也可以“缓称王”，三者之间并不存在顺序上的冲突，可以同步进行。

按结构顺序思考，既是方法也是过程

通过以上分析，我们可以得出一个非常重要的结论，即按结构顺序思考，既是一种安排行动顺序的思考方法，也是一种逻辑思考的过程。通过对结构的思考，你会明确在行动中究竟应该选用哪一种行动顺序（先进行最先开始的步骤，或是先进行最重要的步骤，抑或是同时进行）。

职场案例

你所在的企业需要开展一项新项目，主要是对工业生产过程中产生的一些废品进行回收，然后转卖给其他需要这种废品的企业。现在企业需要你对这个项目进行可行性分析。你通过对项目资料的了解和对目前市场形势的分析，整理出了以下内容：

1. 技术方面：很难对回收的工业废品进行处理。

2. 环保方面：某些高污染的工业废品，法律上不允许被再次投入市场。

3. 销售渠道方面：多数工业企业已经有专门的合作工厂处理其产生的废品。

4. 投资回报方面：回收废品需要我们进行加工再销售，投资周期长。

5. 公司自身方面：需要购买处理工业废品的设备。

案例分析

通过对项目分析，按照结构顺序，对各个组成部分进行分类。能够发现，这个项目在实施的过程中困难重重，但是以上这些内容，只能说明该项目的实施难度大，并不能彻底否定项目。于是你需要将这些散落的信息，重新构建成一个整体，并在这个新的结构顺序中，分析项目的可行性。

从根本上说，公司开展一个项目是为了盈利，那么我们就从公司盈利的角度去构建新的结构。

投入方面：

1. 需要进行新技术的研发。

2. 需要购买新设备进行加工处理。

风险方面：

1. 部分工业废品存在污染，不能再次投入市场。

2. 有关工业废品处理的法律可能会出现调整。

回报方面：

1. 多数企业不需要我们中转工业废品，市场空间小。

2. 工业废品购买后需要经过处理后才能销售，投资周期长。

这种可行性分析属于“纯思想上的行动”，在行动安排上可以同时进行，因此在这里我们用结构顺序去安排步骤整体。

而结构顺序最重要的作用，就是通过对整体结构的划分或重组，来思考每一部分的行动，能否达成我们在这一方面想得到的预期。那么很显然，从企业的角度出发，无论是投入、风险还是回报，都不能满足企业发展和盈利的需求，所以这个项目不具备可执行性。

章节总结

1. 结构顺序是通过对整体结构的划分或重组，以判断各部分行动能否满足该部分的目标。

2. 结构顺序既是一种安排行动顺序的思考方法，也是逻辑思考的过程。

4 其志烈烈 刘备

——按程度顺序思考

程度顺序就是重要性顺序，也就是当你将一组行动步骤或信息，按照他们的共同性归类之后，再依据它们对完成目标的重要程度来确定的顺序。顺序的安排是基于有共同性的步骤或信息中，哪部分的内容对完成目标最重要，那么就先施行这部分的内容。相对来说，本节内容更容易理解和执行，因为其基础就是我们之前反复强调过的“归纳分类”与“归纳演绎”。例如：

我们的企业在研发环节中存在4个问题，在生产环节中存在5个问题，在销售环节中存在3个问题。

而按程度顺序思考问题，就是在这些“4个”“5个”“3个”中，找出对各自环节影响最大、重要程度最大的那一个，并以此安排顺序，构建我们破阵思维的框架。

经典案例

在风云变幻的东汉末年，蜀汉的先主——刘备，在遇到诸葛亮之前，一直处于颠沛流离的悲惨状态。然而令人感到十分奇怪的是，虽然刘备在同时期的各路割据势力中力量十分弱小，但是一直没有被消灭，甚至还拥有过一些自己的地盘和盟友，一直都有许多当世名将死心塌地地追随他。

究其原因，一方面自然是刘备有着独特的人格魅力和过人的毅力与能力，另一方面他能够在面对大量的问题时首先解决最重要的那一个。所以，依靠着这种敏锐的判断力和思考能力，他一直在夹缝中寻求生存，同时努力发展自己的力量。

在起兵对抗黄巾军的时候，刘备可以说是什么也没有，真的是一双草鞋起家。他想拯救这个处于危难的大汉王朝，却没钱没人没地盘。不过，他在这一阶段没有束手待毙，他努力结交朋友，认识了张飞、关羽这样的豪杰。他知道，在这个乱世中想成就一番事业，一定要有人才的辅佐。

随后刘备带着两位兄弟跟随校尉邹靖征讨黄巾军，终于因功受赏，成了安喜县的县尉，虽然地方不大，但总算有了自己的地盘。那么这个时候刘备就要面对到底是发展自己的力量，还是继续招揽人才，抑或是寻找盟友共同发展的问题了。

面对这些问题，刘备首先选择了寻找盟友，在盟友的帮助下发展自己的势力。于是在鞭打督邮之后，他就投奔了自己的老同学公孙瓒，正式踏出逐鹿中原、扬名天下的第一步。

再后来刘备支援徐州，三让徐州城，以及吕布辕门射戟。这其中的情节不用多说，基本上可以总结为，刘备在有了地盘之后依然是选择了盟友。

然而因为力量太弱小了，刘备最终未能守住徐州城，之后历经数次战斗，辗转多地，只好去投奔亲族刘表，暂且在新野驻扎下来。

此时，刘备依然没有忘了完成他目标中最重要的步骤，那就是要招揽人才。只不过这时他的想法更加明确了，因为经过对之前失败经验的总结，他发现他所缺少的是那种能够为他运筹帷幄、出谋划策的军师。于是便有了著名的三顾茅庐，孔明出山。

接下来的故事，我们就更加熟悉了，火烧博望坡、长坂坡救主、喝断当阳桥、舌战群儒、孙刘联盟，一直到赤壁之战。从这里我们还是可以看到，刘备再一次选择了盟友，而且这个盟友的顺序仍然排在人才之前。

后来，又经过一系列的战斗，刘备终于有了自己的地盘，有了跟群雄争夺天下的硬实力，这时天下基本呈现出了三分局势。可以说在前期和中期，刘备在完成目标过程中的选择顺序，一直都没有改变过。

然而后期，他的选择顺序变了，面对东吴偷袭荆州、结义兄弟关羽被杀的情况，他没有选择盟友，最终导致夷陵之战的爆发。陆逊火烧连营，蜀国精锐损失殆尽，而刘备自己也在这场战役失败后病死在了白帝城。

首先要说明的是，虽然夷陵之战中刘备失败了，但这并不妨碍我们在历史人物的故事中，分析他们在重大决策中展现出的智慧。故事中，刘备的确是依靠着他的选择，在乱世中以极其微弱的力量成就了一番霸业。分析其中的逻辑思考顺序，可以帮助我们理解这一节的破阵思维。

进行正确的逻辑分组

通过事物的重要程度去思考逻辑顺序时，应注重具体问题的具体情况，否则即使将拥有共性的事物分到了一组，这种共性也很难让我们去思考其中的程度顺序。例如：

刘备的目标是匡扶汉室，那么我们先按照普遍的逻辑初步分组。

1.进入朝廷为官。

2.实行改革，发展民生。

3.组织军队，消灭义军。

4.对外怀柔，安抚外邦。

如果我们直接根据目标去看这4项内容，可能并不会觉得有什么不妥，因为想挽救一个封建王朝，的确需要实现这4项内容。但如果我们将目标带入历史背景就会发现刘备所面对的是东汉末年的州郡割据、战乱不已的局面，而上述分组似乎更适用于明末乱世，那么这组内容显然就是不适用的，根本不能为刘备提供任何指导。举一个简单的例子：

东汉末年朝廷采用的是察举制和征辟制选官，以刘备当时的身份，他不可能入朝为官；反而是在明末乱世，可以依靠努力学习，通过科举考试入朝为官。

因此，进行正确的逻辑分组，一定要以具体的情况作为依据。

那么再看刘备的逻辑分组，显然就是在现有条件下最适合他思考和决策的分组。

刘备的目标是匡扶汉室。

1.拥有自己的势力：

（1）拥有人才。在什么都没有的情况下，人才相对容易获得，而人才也是一切的基础。

（2）拥有盟友。自己的力量太弱小，必须依靠盟友的帮助才能在乱世中发展。

（3）拥有地盘。有了地盘，才能最大限度地发展自己的势力，才有资格争夺天下。

2.消灭自己的敌人：

（1）消灭弱小的敌人，这符合自己的实力水平，更容易成功。

（2）发展壮大后，再消灭强大的敌人，只有这样才能真正地匡扶汉室。

我们需要注意的是，这里的先后顺序是以“程度”来区分的。这个“程度”既可以是“重要性程度”，也可以是“自己能达到的程度”。之前将程度顺序称为重要性程度，主要是为了方便大家的理解和记忆。

我们还要注意这里的“程度”先后与“时间”先后的区别。例如在上述刘备的故事中，把“拥有人才”当成是“拥有盟友”的前提，或者把这两者一同归结为“拥有地盘”的前提，这是非常错误的想法。

按照实际情况，这几点是相辅相成的关系，而不是直接的因果关系。例如：

在没有人才的情况下，刘备也可以自己去投奔盟友；在没有盟友的情况下，也可以拥有自己的地盘，区别只不过是有了人才，能更容易获得盟友和地盘。因此人才在程度顺序中排在第一位。

灵活运用不同的逻辑顺序

在前面的内容中，我们介绍了三种思考逻辑顺序的方式。那么我们在实际运用中一定要明白，这三种方式并不是完全孤立或互相排斥的。正如在上一节中提到的“结构顺序”既是一种方式，也是一种思考过程。在分解整体目标时，我们可以根据它的结构来确定到底应该用哪一种逻辑顺序进行思考。例如：

作为公司的中层领导，你负责一个项目时，要先进行调研，再进行分析，最后做出方案，那么这时就需要运用“时间顺序”。当你继续细分步骤时，你发现最先进行的调研要分为市场调研、用户调研、渠道调研3个环节，这些环节之间不存在因果关系和顺序冲突，那么这时就可以运用“结构顺序”。如果你所在的企业正在面临市场份额减少的危机，那么市场调研就显然更加重要，所以这3个环节要按照“程度顺序”进行安排。

我们学习金字塔原理，是希望能够在职场和生活中，更好地处理所面临的问题，所以对于生活中的具体情况，灵活运用不同的逻辑顺序解决问题，是非常重要的。

职场案例

近期，你在公司所负责的一个项目出现了很大的问题，经济效益严重下滑。那么为了让这个项目能继续进行下去，你经过调查分析得出了以下内容：

1. 外包项目人员的佣金高于其他企业的。

2. 场地租金与推广费用上涨。

3. 交通拥堵造成运输成本增加。

4. 缺少自己的生产工厂。

5. 相关税费增加。

6. 运营技术过时。

7. 本地市场缩水，转移到其他地区。

8. 其他同类型企业的市场占有率提升。

案例分析

可以看到，我们只是对这些内容进行罗列，并没有进行逻辑上的思考，这导致我们没有办法去分析和解决问题，所以我们要先对这些内容进行分类。

1、2、3、5属于成本方面的问题。

4、6属于管理方面的问题。

7、8属于市场竞争方面的问题。

分类之后，我们可以清楚地发现，这三组问题之间不存在明显的时间顺序，没有办法按照因果关系解决。根据实际情况，作为项目负责人，我们很难去建立新的工厂，也很难对运营技术进行升级。所以按照“自身能达到的程度”来看，我们只能先去解决成本问题，先通过降低成本来提高项目的收益，以保证项目能够继续进行下去，其他问题可以在后续行动中依次解决。

章节总结

1.程度顺序不仅仅是指“重要性程度”，也可以是“自身可以达到的程度”，要根据具体情况进行分析。

2.要灵活运用三种逻辑思考顺序，不能机械地对号入座。

5 大明首辅 张居正

——在总结中思考

在前面几节的内容中，我们主要介绍了在金字塔的同一层中，基本信息应该如何分类，以及按照什么样的逻辑顺序进行思考，也就是金字塔的横向结构。那么接下来我们将会继续向上搭建，开始思考金字塔的上一层应该按照怎样的逻辑顺序进行思考，也就是金字塔的纵向结构。

在金字塔结构中，每一层的内容都是对下一层内容的提炼和概括，因为上层内容都是由下层内容推演、归纳以及总结而来的。如果你想表达的是在演绎推理之后得出的结果，那么就需要注重该组内容的因果关系，在结论中总结内容的主体；如果你想表达的是在归纳推理之后得出的结果，那么就需要注重该组内容的共性，并将这种共性进行归纳和概括。无论运用哪种方式，提炼概括各组内容的过程，实际上都是在总结中思考的过程，这也是破阵思维之中十分关键的一步。

经典案例

在中国古代封建王朝，朝廷财政收入的主要来源之一就是农民缴纳的赋税。明朝初期的赋税制度，主要就是把百姓划分为不同的单位，按照家庭中男丁数量，将所有的家庭都分为三六九等，以此来对应不同数量的赋税，最大限度地增加了朝廷的财政收入。

明朝初期，由于刚刚经历过大规模的战争，原有的社会阶层被打破，因此大部分自耕农群体都拥有自己的土地，社会环境相对稳定，实行这样的赋税制度并不会对农民造成过大的负担。

然而到了明朝后期，和所有封建王朝一样，土地私有化与土地兼并越来越严重，农民与地主之间的矛盾也越发激烈。在土地兼并十分严重的背景下，大量的农民失去了自己的土地，沦为地主和豪强的佃户。这些拥有大量土地的地主，通常都会利用自己手里的金钱与当地官员勾结，从而逃避赋税。反倒是已经没有了土地的佃户农民，依旧要缴纳原有数量的赋税。如此一来，百姓苦不堪言，朝廷也因为收不到地主们的赋税，财政收入锐减。

朝廷没有财政收入，就无法组织军队抵御外敌，再加上社会内部矛盾的激化，在这样的局势下，大明王朝岌岌可危。就在这危难之际，有一个人站了出来，正如百年前于谦指挥北京保卫战一样，他也将带领大明王朝走出这个危机四伏的困境。这个人便是被史学家称为“古今宰相之杰”的万历首辅张居正。

张居正看到了大明王朝的危机，所以锐意改革，希望可以通过调整赋税制度，增加朝廷的财政收入，同时减轻农民负担，挽救危局。就是在这样的指导思想下，张居正敏锐地发现，如今的大明王朝虽然土地兼并严重，商品经济却发展起来了，很多农民或弃农从商，或是从事手工业。而且在商品经济的繁荣发展下，白银开始大量流入市场，成为主要的流通货币。从这些变化中，张居正找到了赋税改革的方向。

就这样，历史上著名的“一条鞭法”诞生了。其主要内容就是，将原本复杂且繁多的徭役和赋税合并在一起，朝廷不再收取粮食，而是将所有合并完的赋税都折算成白银，再由朝廷进行统一征收。

别看“一条鞭法”的内容好像很简单，但这是张居正将所有问题汇总之后，进行大量思考而总结出来的最优方案。

首先，我们要知道的是，在“一条鞭法”之前，历朝历代的赋税大都是以农民生产的实物进行上交的。虽然在宋代也曾经收取过银两，但还是以粮食为主。粮食这种东西，本身就不容易计算，对于朝廷来说，仅仅是收税这一项任务，就要耗费大量的财力和人力。况且粮食在运输或者储存的过程中，还会出现大量的损耗。而这些损耗，就给那些贪官污吏和地主豪绅创造了很大的贪污空间，最终导致那些原本属于朝廷的财政收入，都流进了他们的口袋。与之相反的是，白银易于分割和计量，而且很难在运输或者储存中出现损耗，该是多少就是多少，这就让那些贪官污吏失去了对赋税收入造假的机会。

其次，“一条鞭法”实施之前，普通百姓要缴纳的赋税种类极其繁多，同时他们还要承担朝廷派下来的徭役。这就使得地方政府在收缴各项赋税的过程中造假，比如，每项赋税向百姓多收一点，而对朝廷少报一点，如此一来就是一笔巨额的财富。朝廷虽然对这样的情况心知肚明，但苦于没有办法监管到具体收税的环节，所以只能束手无策。

在“一条鞭法”的实行下，所有赋税徭役都简化合并在一起，这就使得地方政府在收税时只能按照朝廷规定的数额去执行。虽然地方政府也会用各种手段加收加派，但操作空间已经大大减少，农民的负担也随之减轻了许多。

最终，在张居正的改革下，大明王朝的危机得以缓解。对于这个已经风雨飘摇的王朝来说，这次赋税改革无疑带来了希望的曙光。

在故事中，我们可以看到张居正所面临的情况十分复杂，问题来源于各个方面，但最终解决方案只有一个。这就是他在总结中思考的结果，也是我们接下来要去了解并分析的。

避免使用没有实质内容的结论进行总结

我们在构建金字塔时，首先要根据各项基本信息中内容的不同进行分组归类，然后进行上一层的总结。然而有些时候，我们对于基本信息所总结的内容是“不准确”的。这里的“不准确”并不是指我们总结得不对，而是说这个总结并不能为我们解决问题提供帮助。换句话说，就是这样的总结没有实质性的内容，不存在可执行的价值。举一个简单的例子。

1. 企业生产成本过高。

2. 产品运输费用过高。

3. 销售推广费用过高。

总结：企业应当解决的3个问题。

显然这样的总结对我们来说没有任何帮助，可它的确是基本信息总结而来的，所以只能说它是“不准确”的。在实际运用中，我们应该避免这样的情况发生。

那么回到张居正的故事，我们试着去分析他对信息的总结。

1. 土地兼并严重，农民无法承担原有的赋税。

2. 拥有大量土地的地主与地方官员勾结，从而逃避赋税。

3. 商品经济繁荣发展，白银成为主要的流通货币。

4. 收取实物赋税成本太高，且不容易统计，造成财政收入流失。

5. 赋税种类繁多，计算困难，致使地方政府中饱私囊。

然后，我们对基本信息进行简化和提取。

1. 农民负担过重，需要减轻农民负担。

2. 地方逃税严重，需要加强地方税务管理。

3. 白银大量流通，是改革赋税的条件与契机。

4. 实物赋税造成财政流失，改收白银。

5. 赋税种类繁多，需要简化赋税种类。

随后，我们对基本信息进行归类并总结。

A. 需要简化税务体系：减轻农民负担，加强税务管理，简化赋税种类。

B. 需要改变收税模式：将实物赋税改为白银。

最后，我们将上面的A和B再一次总结，就可以得出一个结论，即将所有赋税合并，统一折算成白银上交朝廷。

从这个分析过程中，我们不难理解什么是有“实质内容”的总结，什么是“没有实质内容”的总结。在这里我们可以发现两条规律：

1. 总结行动信息（即行为、动作、步骤、流程）时，应说明采取行动后取得的结果（即效果、目标）。

2. 总结描述性信息（即背景、内容、信息）时，应说明这些内容具有哪些共同的意义。

检查基础内容的逻辑顺序

需要注意的是，没有实质内容的总结，不仅不能为我们提供思考上的帮助，还会掩盖我们思考得不彻底不全面的事实，从而导致整个金字塔逻辑体系的崩塌。

如果我们没有总结出实质内容，那么很可能是因为这组基本信息的内容划分存在问题，应该将各项基本信息按内容重新划分，然后再进行总结。

生活案例

你最近一直都在很努力地赚钱，但是用钱的地方总是层出不穷，因此你还是陷入了财务危机。你试着开始记录自己每天的花销，思考是不是有些支出可以避免。然而一段时间下来，你发现所有花出去的钱都是有理有据的，并没有什么不该花的钱，这让你十分苦恼。因此你只能把最近一个月的支出都罗列出来，看看在目前的收入情况下，如何解除自己的财务危机。于是你得到了以下内容：

工资发放的日期是每月15号，共计8000元。

1.信用卡还款日期是每月20号，2000元。

2.房租按月交付，每月1500元。

3.最近朋友结婚，支出两份礼金，2000元。

4.和朋友的日常聚会社交活动，2000元。

5.交通、水电、生活用品、日常吃饭，2500元。

案例分析

生活中出现财务危机，自然是因为入不敷出，所以理应根据收入和支出之间的关系来进行总结，而上述内容并不能带给我们实质性的指导。如果想真正地解决问题，实现破阵，就必须将得到的各项基本信息按内容重新提炼、划分。

1.信用卡还款是由于超前消费而导致，属于“历史遗留问题”，必须尽快解决。

2.房租和生活的各项费用，是生活的基础，显然不能减少。

3.朋友结婚的礼金，自然属于必要支出，但并非是长期的费用。

4.日常聚会社交活动的费用，用于维持人脉关系，具有一定的可调整性。

接下来我们将提取出来的信息重新分组。

1.固定必要性支出：房租及生活成本4000元。

2.固定社交性支出：社交活动2000元。

3.偶发社交性支出：礼金2000元。

4.债务性支出：还款2000元。

不难看出，在以上四项支出中，“礼金”存在一定的偶然性，虽无法避免，但不应当算在财务规划之中。而房租和生活成本，即使相应减少，效果也有限。因此解决本月出现的财务问题，关键在于“固定社交性支出”和“债务性支出”。

由此，我们可以顺势得出相应的结论及解决办法，即应当集中资金优先解决债务问题，同时减少社交方面的支出，以此渡过当前的财务危机。

章节总结

1. 在总结中，避免使用没有实质内容的结论。

2. 总结行动信息时，应说明采取行动后取得的结果；总结描述性信息，应说明这些内容具有哪些共同的意义。

3. 检查基础内容的逻辑顺序，将信息重新分组，再得出结论。

6 善于总结 司马懿

——思考结论中的共性

在职场和生活中，我们所面临的问题大多需要通过一系列的行动来解决，因此在运用金字塔原理制订计划以及解决问题的时候，就会经常遇到需要用行动性语句进行阐述的情况。然而，对这些行动性语句进行介绍，并建立联系进而归纳总结，并没有想象中的那么简单。我们很容易在对基本信息进行总结的过程中，将其归纳为没有实际意义的语句，那么这些信息就无法为我们完成破阵提供有用的指导。

既然我们已经知道在总结时应该避免使用“没有实质内容的结论”，那么这一节我们将继续深入地学习，到底应该采用什么样的结论，对我们的思想进行总结和概括。

经典案例

在《三国演义》中，诸葛亮六出祁山，可以说是非常精彩的部分，诸葛亮的智谋韬略被展现得淋漓尽致。其中空城计、斩马谡、木牛流马、火烧上方谷等故事，更是被后世津津乐道。众所周知，《三国演义》作为一部小说，其实很大一部分内容都是虚构出来的。正史中的六出祁山，实际上并没有这么多充满戏剧性的情节。

值得我们思考的是，虽然诸葛亮的智慧和信念都十分超凡，但是诸葛亮北伐没有成功。这其中固然有很多人力、物力方面的原因，不过当我们抛开其他因素，只看其中的人为因素，就不得不佩服诸葛亮北伐的主要对手——曹魏的统帅司马懿。

公元231年，诸葛亮出祁山北伐，战争初期可以说十分顺利，很快就给曹魏集团造成了极大的军事压力，诸葛亮赶在曹魏援军到来之前收割了上邽的小麦，拥有了充足的粮草，加上木牛流马运输粮草，保障了前线的后勤供应，诸葛亮的北伐之路似乎充满了成功的希望。

此时曹魏的大将军已经由司马懿担任，面对蜀汉的攻势，司马懿连忙率兵增援前线，但他并没有直接与蜀军作战，而是派轻骑对蜀军进行袭扰，吸引蜀军主力，随后据山扎营坚守不出，一直不与蜀军进行决战。这使得蜀军也只能扎营驻军，把原本应该是一场惊天动地的大决战变成了一场基础军事设施建设的生产竞赛，双方就这样僵持了下来。数月之后蜀汉军队的粮食耗尽，诸葛亮只能退兵，第四次北伐以失败告终。

三年之后，诸葛亮再次出兵北伐，进军渭水之南。而司马懿则率兵渡过渭水，背靠渭水扎营阻击。很多将领都认为应该在渭水之北与诸葛亮对峙，这样靠着渭水的阻隔进行防守，能极大限度地阻挡蜀军的进攻。然而司马懿认为，百姓的钱财和粮草都集中在渭水之南，如果放弃渭南，就相当于把充足的粮草给了蜀军，因此坚持背靠渭水扎营。

此后，双方继续对峙，又开始了基础军事设施建设的生产竞赛。诸葛亮虽然多次设计诱使魏军主力出营决战，但是都被司马懿识破。在这样的严密坚守下，诸葛亮的奇袭也没有了作用。

同年五月，吴蜀联合攻魏，但吴军很快就被击败。与此同时，诸葛亮仍在与司马懿扎营对峙，但这一次诸葛亮移军攻取了散关、陇城等地，试图换个方向进攻曹魏。不过司马懿依然坚守不出，无论诸葛亮怎样挑衅，都没有动摇。为了安抚情绪激动的部下，司马懿甚至还和魏明帝演了一出双簧，来表明不是他不想出战，而是皇帝不允许。

随后，两军继续僵持了几个月，始终没有爆发决战，直到诸葛亮积劳成疾，病逝五丈原。历时七年的北伐至此结束，司马懿取得了胜利。

真实的历史远没有小说那么精彩，不仅没有那么多奇谋妙计，更没有跌宕起伏的情节。纵然是诸葛亮与司马懿这样的顶级高手过招，多数时候也是围绕着粮食展开一系列对峙。不过也正是因此，这样的故事才能给我们带来更有意义的启示。让我们抛开各种纷乱的表象和传说，直接面对事情的本质。并以此来帮助我们了解如何运用金字塔原理得出有意义的结论，从而进一步完善我们的破阵思维。

找出结论之中的共性

我们知道，在得出结论之前要先将一组行动进行分类，而分类的基础是这些行动之间存在某种共同特性。这只是第一步，因为存在共同特性并不能证明这些行动能达成同一个目标或获得同一个结果。例如：

“司马懿派轻骑兵对蜀军进行袭扰”和“司马懿派轻骑兵吸引蜀军主力进入山谷”都可以归类到“司马懿的军事行动”中，两者存在共同特性。但这两者所追求的目标和结果是完全不一样的，前者是为了吸引蜀军主力的注意力，后者则是准备与蜀军决战。

我们要进行的第二步是分析这些行动是否能够达成同一个目标或获得同一个结果，并将这些行动进一步划分，以保证每组行动相互独立。我们要做的第三步就是将这些行动进行提炼，明确提出这些行动的普遍意义，完成上一层的金字塔搭建。

很多时候，我们只是完成了第一步，就直接跳到了第三步，在忽略第二步的情况下对行动进行总结，因此得出的结论往往存在很大的逻辑漏洞，自然也无法帮助我们思考。那么根据这三步内容，我们可以进一步延伸，那就是所有的结论之中，都存在一定的共性。只要在总结时把握好这些共性，就可以得出准确且有指导意义的结论。

通过以上三步的思考，我们可以得出以下两条共性：

1.所有的结论都在结构中存在一定的共性。

2.所有的结论都是在寻求一组内容中更紧密的联系。

接下来我们将逐条说明这两条共性的具体内容，并加以验证。

结论在结构中的共性

我们在之前的“演绎推理”与“归纳推理”内容中曾提到过，在推理基本信息的逻辑关系时要注意这些信息中的主谓语构成。具体一点来说，同一组的基本信息在结构上通常会具有以下三点中的一个特点：

1.针对同一类主语。

2.针对同一类谓语（动作或对象）。

3.具有同一类隐含的思想。

要注意这里的“同一类”是指这些元素属于同一个思想范畴，能够用同一个名词进行表示。如果这组内容的主语相同就寻找谓语之间的共性，如果谓语相同就寻找主语之间的共性，如果主谓语都不相同，就寻找其隐含意义的共性。

反过来看，在总结结论中也是这样的，也就是说所有的结论都在结构中存在与一组基本信息相关联的主语、谓语或隐含意义，这就是结论在结构中的共性。

以司马懿的故事举例，我们先来分析一下他的基本信息。

一、第一次与诸葛亮作战

1.蜀军方面：

（1）蜀军获得上邽的小麦，粮食充足。

（2）蜀军作战勇猛。

（3）蜀军全军上下一心。

总结：蜀军来势汹汹。

2.魏军方面：

（1）魏军被动防守，处于劣势。

（2）魏军完成防守就算胜利。

总结：魏军不能与蜀军决战。

最后再总结从两方面总结出来的结论，得出对策：坚守不出。

二、第二次与诸葛亮作战

1.蜀军方面：

（1）蜀军与吴军联合作战。

（2）蜀军作战勇猛。

（3）蜀军全军上下一心。

（4）蜀军将领诸葛亮本人身体出现问题。

（5）蜀军粮草不充足。

总结：蜀军经不起长时间消耗。

魏军方面：

（1）魏军被动防守，处于劣势。

（2）魏军击败吴军。

（3）魏军粮草充足。

总结：魏军可以不和蜀军决战。

最后再总结从两方面总结出来的结论，得出对策：坚守不出。

根据上文总结的内容，我们不难看出在司马懿的总结中，将对方和己方的各种情况进行罗列，可以总结出两方面各自“主语”保持一致的结论。而对两方面结论的再一次总结时，则是根据“隐含意义”得出的最终结论。所有的结论在结构上都存在同样的共性。

作为现代人我们清楚地知道，司马懿是没有学过金字塔原理的，而他当时的真正想法，我们也很难去了解。然而通过对历史故事的分析，我们却可以得出和司马懿相同的最终结论与对策。而这也就是我们通过历史故事来学习金字塔原理的价值所在。

寻求更紧密的联系

在总结任何一组内容或行动时，我们都要明确一个思想，就是我们所做的一切都是为了完成某个特定的目标，我们对内容进行一层又一层的提炼和概括，都是为了逐渐接近并完成我们的最终目标。所以你对一组思想的总结，一定是在向你的最终目标寻求更紧密的联系，同时也是在这组内容中，寻求各项信息之间更紧密的联系。换句话说，就是你的总结是为了找出一组内容中的共同特征，并进一步向你的目标靠近。

需要注意的是，在寻求这两个“更紧密的联系”时，我们可能会直接得出这组内容的结果和目标。但这个结果并不是可以进行具体行动的内容。例如：

在司马懿的故事中，第一次与诸葛亮对峙时。蜀军方面的结论是蜀军来势汹汹，魏军方面的结论是魏军不能与蜀军决战。

这两个结论虽基于各组信息提炼出共同特征，强化了信息间的联系，但并非直接指导行动的内容。当我们实际解决问题时，通常需先明确问题，再探寻解决方法。在司马懿的例子中，就是很明显的先厘清思路的过程。

一般情况下，厘清思路后，就需要你将思考过程中的总结内容，转化为可以实施的行动步骤。而在司马懿的故事中，当所有想法都理清楚后，对应的行动只有一个，即“坚守不出”，因此就可以省略这个转化的过程。

职场案例

你的同事在开会时交给你一份文件，是本次会议主要讨论和解决的问题，你需要对此提出意见。

今年上半年使用企业信息系统出现的问题：

1.公司要求各项目经理提供各自项目的到期时间，不得延误公司整体战略方针。

2.某些项目经理缺乏相关经验。

3.在特殊情况下，项目到期时间可以延后。

4.不同的项目对信息系统的使用并不统一。

5.某些项目经理没有使用过这样的信息系统。

6.项目经理通常习惯与负责人直接沟通，而不是通过信息系统沟通。

7.现有的信息系统对某些特殊项目的实施，缺少相应的功能支持。

案例分析

通过案例中的文件，我们可以感受到，目前公司的大部分项目经理难以适应这套信息系统，甚至出现了很多的抵触情绪。那么从公司利益出发，你在会议上提出的意见应该围绕着“继续优化信息系统的使用”或者“放弃这套不实用的信息系统”这两方面展开。下面我们先将文件信息进行总结。

A.信息系统需要确定项目到期时间（1）。

B.到期时间可以根据实际情况调整（3）。

C.项目经理缺乏对信息系统的使用经验（2、5、6）。

D.信息系统缺少某些需要的功能（4、7）。

接着我们对结论进行进一步的总结：

1.信息系统对项目到期时间管理存在灵活性（A、B）。

2.信息系统需要升级和人员需要培训（C、D）。

通过分析我们可以看出，只要能够解决信息系统升级和人员培训的问题，那么这个信息系统就可以帮助企业更好地发展。至于这个信息系统能不能继续使用，还要看公司是否可以升级系统以及组织人员进行专门的培训。

在整个思考和总结的过程中，我们对信息的分类都是依照着它们在共同作用下指向的结果，并且从结论中也可以反推这一共性特征，最后得出一个具有行动性的具体步骤。

章节总结

1.要得出准确的结论，结论中必须包含共性特征。

2.要注意想法和行动在思考过程中的具体转化，寻求更紧密的联系。

第三章 力挽狂澜

解决问题是核心

思考可能是为了解决我们在职场和生活中遇到的实际问题。所以，思考应该以解决实际问题为出发点，让思考的结果能够为我们提供指导和帮助。

在实际生活中我们遇到的问题多种多样，有的甚至毫无规律，以至于我们在构建金字塔解决此类问题的时候陷入巨大的困境。因此我们要明确，金字塔原理虽然应用很广，但是它并不是一个数学公式或物理公式。我们不能机械地生搬硬套，试图用一个原理去解决所有的实际问题。

在以解决问题为出发点的前提下，金字塔原理的具体应用应该是灵活多变的。而想要灵活地运用金字塔原理，就必须经过长时间的练习，多去分析思考并解决问题。那么就让我们继续用历史人物的故事，帮助我们学习如何运用金字塔原理解决问题，让我们的破阵思维更加无懈可击吧！

1 必胜法则 徐阶

——解决问题的流程

生活和职场中遇到的问题，实际上都可以拆分成以下三个问题来思考：

1. 我应该做什么？

2. 我应该做吗？

3. 我应该怎么做？

于是相对应地，我们可以得出解决问题的一般流程，也就是先明确问题是什么，再分析问题，最后寻找解决问题的方法。

1. 对问题定性。

2. 结构化分析问题。

3. 找到解决问题的方案。

4. 组成完整的金字塔。

如果前两个步骤处理得比较到位，那么第三、四个步骤就会进行得比较顺利。具体来说，第一步是找到你要达成的目标，第二步则是为你的目标去收集各种相关的信息。至于后两个步骤，则是利用我们在前面章节中反复介绍的各种逻辑方法来分析并解决问题，最后实现破阵。

经典案例

如果历数中国古代历史上的奸臣，那么严嵩一定位居前列。众所周知，严嵩是明朝嘉靖年间著名的奸臣。当时的嘉靖皇帝崇信道教，而严嵩正好特别会写道教中用于祭祀的“青词”（亦作“青辞”，是道教举行斋醮时献天神的一种奏告文书，用朱笔书写在青藤纸上，又称“绿章”），十分迎合嘉靖皇帝的心意，因此备受宠信。

要知道青词这种东西并不好写，不仅要求词句优美华丽，还要写得十分朦胧。毕竟是给仙人看的东西，一定要写得让普通人看不懂，但同时还能完美地表达出嘉靖皇帝的虔诚。因此会写青词的人少之又少，于是会写青词的严嵩很受嘉靖皇帝重用，甚至把持朝政二十余年。

这期间，许多忠臣都遭到严嵩迫害，一时间朝堂之上只剩下一些趋炎附势之徒和无能之辈，这让官至内阁首辅、权倾朝野的严嵩更加无所顾忌。然而就是这样大权在握的严嵩，最后只落得一个罢官回乡、穷困潦倒的悲惨下场。那么究竟是谁用了怎样的高深权谋扳倒了大奸臣严嵩呢？

在严嵩专权风头正盛的时候，朝廷中没有人会把当时的吏部侍郎徐阶看成是严嵩的政敌。恰恰相反的是，徐阶的态度和做法让每个人都觉得，他应该是一个彻头彻尾的“严党”。

在处理政务时，徐阶不仅事事都顺从严嵩的意思，从不与严嵩争执，就连在处理外敌入侵的问题上，严嵩出现了严重的判断失误时，徐阶也会在给严嵩留足面子的前提下，帮严嵩把事情处理好。在当时，很多有报国之心的大臣都想趁此机会扳倒严嵩，但徐阶竟帮严嵩解围，这无疑让这些大臣们恨得咬牙切齿。

徐阶还将自己的孙女嫁给了严嵩的孙子，这种政治联姻几乎彻底地将他和严嵩绑在了一起。徐阶不仅对严嵩恭敬，甚至对严嵩的儿子也十分顺从，哪怕是严嵩的儿子严世蕃曾多次对他无礼，徐阶也都表现得唯唯诺诺、忍气吞声。如此一来，就连曾经对徐阶无比信任和尊敬，后来挽救大明王朝于危难之中的徐阶的学生张居正，都对徐阶的一系列行为产生了怀疑。至于其他大臣对徐阶的评价，那就更加不好了。

然而，所有人都不知道这一切都是徐阶扳倒严嵩计划的一部分。要知道徐阶一开始也是极力反对严嵩的，也曾凭借一腔热血向嘉靖皇帝进言。结果非但没有扳倒严嵩，还让自己一度处于十分危险的境地。于是徐阶开始隐忍蛰伏、韬光养晦，用尽一切办法取得严嵩的信任，这一点他已经做到了。

另一方面，徐阶也进行着自己的计划，那就是取得嘉靖皇帝的信任。严嵩凭借青词获得皇帝的宠信，徐阶便也开始给嘉靖皇帝写青词。他还向嘉靖皇帝密奏咸宁侯仇鸾的罪状，帮嘉靖皇帝除掉了仇鸾，进一步取得嘉靖皇帝的信任，最后他在朝中的地位仅次于严嵩。

万事俱备，只欠东风。徐阶在等一个机会，一个让嘉靖皇帝冷落严嵩的机会。老天没有让徐阶等太久，就在一次皇宫失火事件后，嘉靖皇帝想借此机会新建宫殿，于是征求严嵩的意见，但严嵩没有同意，嘉靖皇帝便有些不悦。嘉靖皇帝接着问了徐阶的意见，徐阶则建议用宫殿中未焚毁的材料修建新的宫殿，这让嘉靖皇帝十分满意，自此嘉靖皇帝无形中就开始冷落严嵩。

不过这只是一个开始，严嵩在朝堂中的势力根深蒂固，仅仅凭新建宫殿一事还不能对严嵩的地位产生太大的影响。虽然不能直接扳倒严嵩，但是并不代表不能扳倒严嵩的儿子严世蕃。毕竟，嘉靖皇帝只是宠信严嵩，对严世蕃并不宠信。

嘉靖四十一年（1562年），御史邹应龙弹劾严嵩父子，嘉靖皇帝下令逮捕严世蕃。在徐阶的运作下，严世蕃被严惩，严嵩也因此受到牵连被罢官，而徐阶继任内阁首辅。

故事到这里还没完，就当所有人都认为徐阶这些年是在忍辱负重的时候，徐阶却亲自跑到了严嵩的家里，对严嵩父子说了很多安慰的话，还答应在嘉靖皇帝面前为他们求情，让他们官复原职。这样的做法让很多人都不解甚至是不满，徐阶却公开表示，他受了严家的恩惠，没有严家就没有如今的他，现在严家有难，他绝不能恩将仇报，否则就会被天下人所耻笑。这些话自然也传到严嵩党羽的耳朵里，严嵩知道后十分满意。

其实徐阶这个行为，也是他彻底扳倒严嵩计划的一部分，因为他知道嘉靖皇帝不可能这么轻易地不再宠信严嵩，而严嵩的党羽也在四处活动，此时痛打落水狗会适得其反。不久之后，嘉靖皇帝果然反悔，想重新任用严嵩。徐阶当即进言，终于打消了嘉靖皇帝重新任用严嵩的念头，严嵩也终于被彻底扳倒。

徐阶不仅靠权谋将严嵩赶出了朝堂，而且他的确是一个很有政治作为的权臣。继任内阁首辅之后，徐阶大力改革，铲除严嵩留下的党羽并整治其引发的混乱现象，大力提拔高拱和张居正，而这两个人后来的政绩也证明徐阶没有选错人。与此同时，徐阶还挽救了已经被定死罪的海瑞。不仅如此，徐阶对政事也十分认真勤勉，凭借过人的才能，在减少朝廷开支、平反冤狱、改善民生、抵抗外敌等方面都有着卓越的贡献。

通过徐阶的故事，我们可以得出一个十分完整的解决困境的破阵流程，甚至还包含具体流程之外的“试错”部分。在很多书中，徐阶的故事经常被当作经典案例，但实际上徐阶能带给我们的启迪远远不止这些。

对问题的界定，即对问题的框架进行确定

站在徐阶的角度看，这好像并不是什么困难的事情，因为主要问题就是要扳倒大奸臣严嵩，即“我应该做什么？”

实际上确定问题的框架根本没有这么简单。这就好比问我们步入职场应该做什么一样。答案是应该挣钱，这无法让我们进一步分析问题。而在这个问题中，徐阶给出了一个错误答案。

在刚步入官场时，徐阶认为他应该做的就是扳倒严嵩，于是他采取的解决办法就是直接向嘉靖皇帝弹劾严嵩，结果就是不仅没有动摇严嵩的地位，反而让自己陷入危险。

正因如此，徐阶调整了这个问题的框架，将问题改成如何在保证自己安全的情况下逐步扳倒严嵩。那么在确定了这个问题的框架之后，解构问题就变得容易了，即“如何保证自己的安全？如何扳倒严嵩？”

接下来对于我们提出的第二个问题，即“我应该做吗？”就很容易解答了。

这个答案肯定是应该做。在徐阶继任内阁首辅之后的作为中，我们能看得出来他想改变大明王朝的混乱局面。而要做到这一点的前提，就是要先扫清障碍，也就是扳倒奸臣严嵩。

最后回答第三个问题，即“我该怎么做？”

为了找到这个问题的答案，需要我们继续进行解决问题的第二步。

结构化分析问题

我们已经将问题初步界定完毕，接下来就是结构化分析问题，即需要我们继续去分析解决这些问题所需要的条件。

1. 如何保证自己的安全？

对于这个问题，徐阶十分清楚，在目前的条件下，严嵩十分受嘉靖皇帝的宠信，因此在有足够的力量和合适的机遇扳倒严嵩前，绝对不能与其发生正面冲突。而不发生冲突的最高境界就是让严嵩完全信任自己，甚至让所有人都以为他们是一党的，这样也方便自己之后的行动。于是取得严嵩的信任成为解决这个问题的必要条件。

2. 如何扳倒严嵩？

首先，严嵩能够权倾朝野，是因为得到嘉靖皇帝的宠信，那么想扳倒严嵩就需要让嘉靖皇帝不再宠信严嵩，也就需要让嘉靖皇帝拥有另一个可以替代严嵩的人。于是如何让嘉靖皇帝更宠信自己，成为解决这个问题的第一个必要条件。

其次，严嵩势力根深蒂固、党羽极多，一般的事情难以直接动摇他的地位。那么只能间接让其地位产生动摇，这也符合不与其发生正面冲突的原则。于是如何间接动摇严嵩的地位成为第二个必要条件。

最后，嘉靖皇帝宠信了严嵩二十多年，不会一下就断了对严嵩的依赖，因此必须要防止严嵩的势力死灰复燃。于是如何防止严嵩的势力死灰复燃成为第三个必要条件。

将问题分析完毕以后，我们进入第三个步骤。

分析或找到问题的解决方案

一、保证自己安全方面的必要条件

如何取得严嵩的信任？

这个问题的解决方案古往今来有着数不清的案例，诸如讨好、顺从、联姻、帮助对方达成各种目的等都是可以直接拿来用的方案，只要能忍得住、忍得够久就行。

（1）表面上顺从严嵩，政治上与严嵩站一队。

（2）将孙女嫁给严嵩的孙子，两家联姻。

（3）帮助严嵩解决问题（被弹劾时及时解围求情）。

二、扳倒严嵩方面的必要条件

1. 如何让嘉靖皇帝更宠信自己？

实际上这个问题也非常容易解决，直接照搬严嵩的方法就可以得出具体方案。但在真正实施的时候，还要注意把握机会，让嘉靖皇帝觉得自己比严嵩更合心意。

（1）为嘉靖皇帝写青词。

（2）帮助嘉靖皇帝解决麻烦（密奏仇鸾）。

（3）顺从嘉靖皇帝的心意（修建新宫殿）。

2. 如何间接动摇严嵩的地位？

相对来说，这个问题是最难的，因为间接可能会造成力度不够的局面，一旦没有彻底动摇严嵩的地位，还会让自己多年的忍辱负重付诸东流，所以要十分慎重。好在严嵩有一个不争气的儿子严世蕃，此人跟严嵩的关系足够密切，而且为人霸道蛮横，嘉靖皇帝处理严世蕃时也不会留有情面。而正所谓，养不教父之过，一旦处理了严世蕃，无论嘉靖皇帝如何宠信严嵩，严嵩都必然会受到牵连。由此得出方案：通过运作严惩严世蕃，间接动摇严嵩的地位。

3. 如何防止严嵩的势力死灰复燃？

这是一个带有预判属性的保险措施，所以需要提前做准备。因此，一方面要打消嘉靖皇帝重新任用严嵩的念头，一方面也要防止严嵩动用关系寻求复出。由此得出方案：在时机不成熟时，不能赶尽杀绝，同时要防止嘉靖皇帝重新任用严嵩。

解决问题一定要从实际出发，还要注意具体问题的变化并考虑多方面因素。例如：

在徐阶的故事中，如果他在严嵩下台之后，立刻痛打落水狗，那么极有可能遭到嘉靖皇帝的反感，加上严嵩的党羽进行活动，所有的一切都将前功尽弃。

职场案例

公司让你作为代表去其他公司谈一个项目的合作方案。如果条件合适，可以直接与对方公司签合同，而在去对方公司之前你需要和老板讨论一下你此行的注意事项。

案例分析

这个职场案例看似十分简单，却因为信息太少，让我们很难按照解决问题的四步流程去构建金字塔。但这不代表无法进行思考，我们可以先来分析这个问题的框架。

首先，你去合作公司是去谈项目签合同的，那么你签合同时必然要维护公司利益，而对方公司肯定也会尽量扩大他们的利益，其中的利益取舍是需要你去决定的。所以你要面临的第一个问题是：公司给我的权力到底有多大，我可以决定什么？

是可以答应十万左右的条件，还是能答应一百万左右的条件？这需要你和老板提前沟通好。

其次，既然是代表公司去谈判，那你不可能什么事都打电话跟老板沟通，那样老板不如自己去签合同。所以你要面临的第二个问题是：我不可以做什么？

是不能答应包含相关税费，还是不能答应客户资料共享？这也需要提前与老板沟通。

最后，你需要知道你的老板到底想要什么，跟你想的究竟是不是相同的，那就是：我做成这样可不可以？

是通过这个项目长期和对方合作，还是在这个合作中争取最大的利益？这依然需要在去谈判前和老板沟通清楚。

在确定了这三个问题之后，我们便可以和老板进行一次有效的沟通，并保证我们可以顺利地完成这项工作任务。

章节总结

1.解决实际问题前，要想清楚的三个问题：（1）我应该做什么？（2）我应该做吗？（3）我应该怎么做？

2.解决实际问题的四步流程：（1）对问题定性，即确定正确的问题框架。（2）结构化分析问题，即分析解决问题的必要条件。（3）分析或找到解决方案。（4）组成完整的金字塔。

2 人间清醒 张廷玉

——确定问题的框架

我们已经了解，实现破阵的第一步是判定自身面临的问题到底是什么，也就是确定问题的框架，即我应该做什么？

我们面临的问题实际上是自身现状与想要达成的目标之间所存在的差距。而解决问题的过程，就是缩小现状与目标之间差距的过程。需要注意的是，这个差距不是平白无故出现的，而是在某一种背景之下，由一系列的特定条件共同作用而产生的。

因此，要想准确确定问题的框架，就必须清楚这个问题产生的背景以及特定条件。如果对问题的框架确定得不够准确，那么结果一定与我们的初衷背道而驰。所以，准确确定问题的框架是我们完成破阵的必要条件。

经典案例

如果说谁是整个清朝杰出的名臣，那么李鸿章、曾国藩、左宗棠等人都可能名列其中。但如果说谁是整个清朝最杰出的名臣，那么名单里最后可能只有张廷玉一人。

张廷玉是康熙三十九年（1700年）的进士，在康熙年间便初露锋芒，后来康熙驾崩，雍正继位，张廷玉更是备受其重用。张廷玉历任刑部侍郎、户部尚书、保和殿大学士、吏部尚书、军机大臣等职位，可谓位极人臣。在雍正帝病重之时，张廷玉被任命为顾命大臣，雍正帝驾崩之后，其遗诏上更是写着张廷玉配享太庙。要知道在整个清朝，张廷玉是唯一一个配享太庙的汉臣。

所谓配享太庙，就是他的牌位会和清朝的历代先帝一起供奉在太庙之中，后来的皇帝在祭祀先祖磕头的时候，也会顺带给他磕一个。这样的待遇绝对可以说是封建王朝能给予臣子的至高荣誉。张廷玉本人手握大权，历经三朝不倒，其政治权谋和智慧可见一斑。然而，就是这样一个久经政坛的老手，在晚年竟然做出了一系列让人啼笑皆非的事情。

乾隆十三年（1748年），已经七十多岁的张廷玉向乾隆皇帝请求告老还乡，乾隆皇帝当然是极力挽留这位政务能力极强的老臣，于是便拒绝了张廷玉。一年之后，张廷玉再次请求离职养病，乾隆皇帝卸去了他许多官职，减轻了他很多工作压力，还派军机大臣去探望他。可张廷玉去意已决，乾隆皇帝便只能答应他，同时还给张廷玉写了三首诗，告慰这位为朝廷辛勤工作一生的老臣。

这件事原本到此就应该结束了，张廷玉却开始了一系列让人无法理解的操作。首先，他去找了乾隆皇帝，表明他很感谢皇帝能体谅他这个年迈体衰的老臣，允许他回家养老，但是先帝曾经答应他配享太庙的事儿，他还有些放心不下，毕竟人走茶凉，乾隆皇帝之前还说“配享太庙的臣子怎能回家终老”，他怕自己死后得不到这样的待遇，所以希望乾隆皇帝能给他写一份保证书，重申他配享太庙的荣誉，这样他才能安心退休。

乾隆皇帝对此自然是非常不满，作为皇帝竟然被臣子胁迫写保证书，任何一个帝王都会觉得这是一个非常无礼的要求。不过想到张廷玉毕竟是三朝元老，这些年勤勤恳恳，也要告老还乡了，乾隆皇帝索性就答应他。于是，尽管乾隆皇帝十分不满，但还是给张廷玉写了一首诗示意。诗中重申他配享太庙，并且以明朝的刘基致仕后仍然配享太庙为例。

按理说，乾隆皇帝已经仁至义尽，可是张廷玉接下来的举动更是让人匪夷所思，他竟然让自己的儿子替他进宫谢恩。这一下乾隆皇帝真的生气了，心想这个张廷玉简直是倚老卖老，竟然连谢恩都懒得亲自进宫了，他到底有没有把自己这个皇帝放在眼里？乾隆皇帝当即命人传旨，让张廷玉进宫说明情况。

事情发展到这个地步，张廷玉的昏着儿仍然没有结束。当时负责传旨的军机大臣是张廷玉的门生，眼见皇帝怒不可遏，便赶紧为张廷玉求情，并在之后把消息提前传递给了张廷玉。听说乾隆皇帝勃然大怒，张廷玉幡然醒悟，第二天一早便急忙进宫向乾隆皇帝谢恩，并说明情况。但乾隆皇帝一见张廷玉更生气了，因为他的旨意明明还没有传出去！乾隆皇帝又不是傻子，他立刻就反应过来是军机处有人泄露了消息。没有一个皇帝能够容忍自己的臣子们沆瀣一气欺骗自己，于是下令削去张廷玉的爵位。乾隆十五年（1750年），皇长子定安亲王去世，乾隆皇帝正处于悲伤之中。才过了初祭，张廷玉就想着回乡，乾隆皇帝这回真的怒不可遏了，下令取消他配享太庙的荣誉，但网开一面，并不治罪。

张廷玉晚年时期的一系列昏着儿，导致他荣誉尽毁，最后他只能灰溜溜地回家养老。乾隆二十年（1755年），张廷玉在家中去世，乾隆皇帝在张廷玉死后，念其劳苦功高，最终还是恢复了他配享太庙的荣誉。

看完张廷玉的故事，我们应该都会有种哭笑不得的感觉。张廷玉在晚年的一系列操作，可谓费尽心机。他在活着的时候把荣誉弄没了，死后却又被恢复了，颇有一种黑色幽默的意味，这自然也意味着他破阵失败。想必张廷玉在弥留之际，还在想着自己配享太庙的事儿，最后很有可能死不瞑目。

如果用我们在前面提到的“实现破阵的第一步”去分析，很容易就能得出张廷玉的行为属于对问题的界定出现了错误的结论，这导致他后续的一系列行为都让他离目标越来越远。

然而真的是这样吗？一个纵横三朝不倒，经历过无数场惨烈的政治搏杀最后还获得胜利的政坛老手，会在晚年糊涂到这种地步吗？

回到我们在开篇时所说的内容：要想准确确定问题的框架，就必须清楚这个问题产生的背景以及特定条件。

接下来我们反观张廷玉的故事，结合当时的背景和特定条件，来分析他在解决问题时如何确定问题的框架，看看能否为我们在以后运用金字塔原理解决问题带来有意义的启示和指导。

分析问题产生的背景

如果要分析张廷玉的故事背景，那就不得不提到另一个和他十分相似的人，这个人就是明朝万历年间的首辅张居正。

张居正在万历年间推行一条鞭法，任用戚继光、李成梁等人抵御外敌，挽救了处于危难之际的大明王朝。然而在张居正死后，皇帝革除了他所有的荣誉，同时抄没家产，剥去赏赐，并将其家人全部流放，铲除其在朝中的残余势力，甚至差点将张居正的棺材打开鞭尸。

张廷玉曾经在翰林院负责撰写《明史》，张居正的事迹他不可能不知道。张廷玉在晚年的身份地位和张居正可谓不相上下。再综观历史上那些权臣，似乎没有一个能够善终的，纵然在死前没有被清算，在死后也会给家人带来很大的灾难，荣誉更是无从谈起。

所以在这个背景下，张廷玉面临的问题应该是：如何让自己和家人都得到善终？

作为一个政坛老手，主动要求功成身退，远比被皇帝和其他人扳倒的结果好得多，于是张廷玉开始了一系列操作。

分析问题产生的特定条件

在分析完背景之后，我们就要思考为什么权臣得到善终那么难。

在封建王朝中，一直存在两个极大的矛盾：一是中央集权和地方分权的矛盾，二是皇权和相权的矛盾。因此皇帝要通过控制权臣的权力，来保证自己的权力。但皇帝自身的能力有限，在登基初期往往还需要借助大臣的力量辅助自己，那么这必然会导致后期大臣的权力过大。皇帝要解决这个问题，通常会直接除去这个权臣，如康熙除鳌拜就是一个典型的例子。但如果这个大臣没有特别明显的罪状，那么就不能直接除去，只能等到其死后再清算其残余势力，将权力逐步收回皇帝自己的手中，如万历皇帝对张居正的抄家就是这种情况的典型例子。

以上便是张廷玉很难善终这个问题产生的特定条件。张廷玉一生鞠躬尽瘁、低调谨慎，明显属于第二种情况，因此他必须保证自己死后不会被清算，保全家人的同时仍然能够配享太庙。

在皇权和相权的矛盾中，皇帝会在中后期逐渐收回权臣的权力，而聪明的臣子通常也会为自己谋求退路。及时交还权力告老还乡，固然是一种十分明智的举措，但有些人因为特殊条件的影响，很难做到告老还乡。例如西汉的萧何，作为和刘邦一起打天下的老臣，他是很难直接告老还乡的，因为这样会让皇帝处于一种“卸磨杀驴”的情况之中，皇帝的处境会十分尴尬。在不能直接功成身退的情况下，萧何采取了“犯错误”的方式，一方面给皇帝削弱自己权力的理由，另一方面让皇帝感觉自己没有野心和威胁。于是萧何在晚年经常贪污，并故意让别人检举揭发他，让刘邦消除对他的疑虑。

有同样做法的还有宋朝大将韩世忠，作为手握重兵的将领，他担负着抵御外敌的重要职责，难以直接放下兵权告老还乡，于是他便经常向皇帝讨要各种财物和田产，让皇帝感觉他十分贪财，没有造反的野心，反而更加信任他。

通过上述分析，我们不难看出张廷玉采取了和萧何、韩世忠基本相同的策略。

1. 不断请求告老还乡，直到让皇帝感觉不耐烦。

2. 逼迫皇帝写保证书，让皇帝感觉他就是一个贪图荣誉的人。

3. 给皇帝创造机会处罚他在军机处的亲信，从而让皇帝将权力逐步收回到自己的手中。

综上所述，张廷玉在晚年看似昏着儿频出，却没有真正把皇帝惹到要处死他的地步，反而给了皇帝清理他的残余势力的理由，让皇帝顺理成章地收回权力。而当收回权力之后，皇帝也就没有了对他清算的打算，于是那个配享太庙的荣誉最终还是给了张廷玉。这个结局在众多权臣之中，已经算很不错的了。

从张廷玉的故事中，我们可以看出在确定问题的框架时，需要思考并分析问题产生的背景与特定条件，这样更有助于我们解决问题。

职场案例

在当今时代，信息化和智能化已经成为很多企业发展的方向，而你的企业正寻求在信息化和智能化方面的转型与发展。你作为一个传统装修公司的中层骨干，需要对企业转型进行分析并提供方案。

案例分析

在面对这样的问题时，我们首先要确定问题的框架，想好应该做什么。

对于问题产生的背景的分析已经十分明确。

信息化大数据时代，所有企业都在向这个方向转型和发展，那么这个趋势在以后必定成为主流，你应该做的就是如何让企业跟上这个趋势。

接下来分析问题产生的特定条件。

一方面大数据可以为企业筛选优质客户，提供更直接和精准的客户资源；另一方面客户通过大数据的信息化和智能化，可获得更加便捷高效且更加精准的服务。

那么根据背景和条件分析，我们可以轻松确定问题的框架。

如何让企业在信息时代转型？ 1.如何通过大数据让企业获得更加精准的客户资源？ 2.如何让客户通过大数据获得更加便捷高效的服务？

结合你所在的装修公司，你可以进一步得出更加具体的内容。例如：

客户资源方面：

1. 通过专门的APP为企业筛选精准用户。

2. 通过其他热门APP推送，将精准客户引流。

提升服务方面：

1. 提供立体的装修模板让客户线上筛选。

2. 提供装修材料报价链接及分析。

3. 提供专门的装修远程监控服务。

以上只是针对案例进行的简单分析，实际上可以将这两方面内容继续展开。我们本节主要是学习确定问题的框架，故在此不做赘述。

章节总结

1. 问题是自身现状与想要达成的目标之间存在的差距。

2. 准确确定问题的框架，需要对问题产生的背景以及特定条件进行分析。

3 乱世奸雄 曹操

——结构化分析问题

在确定了问题的框架之后，我们接下来要做的就是结构化分析问题——寻找解决问题所需要的条件，或者说收集与问题相关的资料。

经典案列

综观中国古代历史中的各类战役，尤其是以少胜多的经典战役，几乎都有一个共同的特性，那就是以少胜多的一方，或者说以弱胜强的一方，基本上都是通过防守反击来获得胜利的。严格来说，防守反击本来就是一个“出现问题，分析问题，最终解决问题”的结构模型。东汉末年的官渡之战就是比较典型且广为人知的防守反击战役。

东汉末年，黄巾起义被镇压，朝廷原本的政治格局也随之被打破，各路诸侯在镇压起义的过程中不断壮大自身，形成了大大小小的割据势力，并且开始进入争权夺利、互相攻伐的长期战争之中。在这个群雄并起的局势下 北方的主要割据势力当属曹操和袁绍。

建安元年（196年），曹操迁汉献帝至许昌，挟天子以令诸侯。此后，曹操先后击败袁术、吕布，占据了徐州、豫州及司隶等地。建安四年（199年），袁绍战胜公孙瓒，占据幽州、冀州、青州、并州，控制了河北的广袤地区，若他要继续扩大势力，就必须南下与曹操展开决战。

在整体实力上，袁绍是占据绝对优势的，他的地盘周围除了曹操以外没有其他强大的对手，且人口众多，生产力也相对丰富，尤其是冀州在战争期间并没有被严重破坏，可谓兵精粮足、家底雄厚。反观曹操这边，他的地盘周围虎狼环顾，刘表、张绣、孙策等都对他构成很大的威胁。而且这些地方从黄巾起义开始就陷入战乱，民生凋敝、物产匮乏，可以动员的人力和物力都十分有限。

直至建安四年（199年）六月，袁绍以十万精兵出征许都，拉开了两大集团决战的序幕。面对袁绍南下的局势，曹操集团的很多人都认为曹操难以战胜袁绍，主张通过割让部分土地来和谈。但曹操认为袁绍志大才疏、胆略不足、刻薄寡恩、刚愎自用，兵多而指挥不明，将骄而政令不一，于是便集结了数万能够作战的兵力，开始积极备战。

在战略部署上，曹操采用重点防守的策略，将兵力分布在几个重要的城寨之中，以牵制袁绍的主力，防止其突袭许都；同时在黄河沿岸建立防线守卫港口，阻滞袁绍的军队渡河。此外，他还派人在官渡一带构建营垒，阻挡袁绍的正面进攻。这种部署显然是很有效的，通过扼守要塞，可以形成以逸待劳的局势，极大提升了作战的优势。

尽管如此，战争初期的局势对曹操依然十分不利。首先是原本依附他的刘备突然起兵，占领了徐州，开始与袁绍联合对抗他。这逼得曹操只能亲自带兵先剿灭刘备势力。随后袁绍大将颜良带兵包围了白马，开始进攻曹操重点防守的沿岸城塞，曹操正准备马不停蹄地带兵救援白马。此时，谋士荀攸建议曹操声东击西，先引兵至延津，假装攻击袁绍的后方大营，随后迅速突袭进攻白马的颜良大军，攻其不备。曹操听从了荀攸的建议。袁绍果然中计，分兵去延津阻击曹操；而曹操则迅速以轻骑兵突袭颜良大军，击杀大将颜良，解了白马之围。

然而此时曹操的形势仍然不容乐观，曹操突袭颜良用的是少量轻骑兵，必须迅速撤退。但是袁绍发现了这是声东击西之计，当即派兵追击曹操。一时间，曹操又陷入了危机。好在曹操命部下及时扔下了随军的旗帜和财物，扰乱追击的袁绍军，接着突袭追兵，斩杀了名将文丑。

至此，曹操终于改变了自己的被动局面，让战争进入相持阶段。但数月之后，曹操粮草短缺的问题便凸显出来，这让曹操很难与袁绍继续相持下去，他必须寻求对方的破绽，主动出击，结束战斗。

这个机会很快就来了。袁绍的谋士许攸投奔曹操，提出让曹操奇袭袁绍的屯粮重地——乌巢。曹操果断出击，亲率五千轻骑兵冒用袁军的旗号，利用暗夜的掩护偷袭乌巢，将袁绍的屯粮辎重付之一炬。袁绍得知这个消息后，立刻派兵支援乌巢，同时命张郃、高览猛攻曹军大营。然而曹军大营十分坚固，张郃、高览久攻不下，两军陷入僵持。曹操面对袁绍的援军则是拼死一战，直到将乌巢内的粮草辎重彻底烧毁。

如此一来，进攻曹军大营的张郃和高览得知乌巢已经被攻破，只能投降，这直接导致袁绍大军的全线溃败。曹操率兵乘胜追击，大破袁绍，获得了官渡之战的最终胜利，也为日后统一北方奠定了坚实的基础。

在正式分析官渡之战的案例之前，有必要先引入“击溃战”和“粮草”这两个概念，以便我们更好地了解本节的主要内容。

1.击溃战。在中国乃至世界的古代冷兵器战争中，通常很少有歼灭战，更多的都是击溃战，即摧毁对方的指挥系统或打击对方军队的组织度，使其军队溃散。即使对方仍然存在大量的有生力量，但在没有能力组织起军队的情况下，只要发生溃散通常意味着战败。这是由古代战争中的士兵素质和军队组织形式决定的。

2.粮草。粮草问题一直是古代军队作战的重中之重，《孙子兵法》在第一篇就明确提出了粮草的重要性。因此在真正的大范围战争中，很少有所谓的奇谋妙计，更多的都是围绕着粮草展开的斗争。一旦粮草出现问题，就极有可能触发第1点中的军队溃散问题。

在了解了古代战争中的两个概念之后，我们正式开始结构化分析曹操在官渡之战时所面临的问题。

结构化分析问题，需要用动态的眼光收集信息

在收集信息前，我们需要先对问题进行界定，并组成问题框架。关于这一点，案例中已经进行了一定的说明：如何打一场防守反击战？1.如何防守？ 2.如何反击？

结构化分析问题的第一步就是要对已经界定的问题进行充分的了解，寻找与问题相关的各种条件。那么，通过对官渡之战战前的形式分析，我们可以得到如下内容：

首先，双方的军事力量与后勤保障都存在极大的差距，曹操“挟天子以令诸侯”在与袁绍的作战中没有任何优势。其次，双方之间隔着一条黄河，而黄河之后便是广袤的平原，极其有利于进行大规模兵团作战，所以曹操能否防守住黄河沿岸是胜负的关键。最后，袁绍的个人能力与性格存在一定的问题，曹操可以在这方面寻找破绽。

不难看出，在解决问题之前的基本信息基本可以被归纳成“天时、地利、人和”三个方面。但是根据目前的信息我们很难将问题继续展

开，并不能构建出一个完整的金字塔模式。实际上曹操面临的情况也是如此。

通过这个例子，我们可以得出一个在利用金字塔原理解决实际问题时，尤其是长期问题时，十分重要的结论：问题是在不断变化的，而影响问题变化的条件也是在变化的，在解决实际问题时，需要长期对信息进行收集并加以利用。

我们可以看到，曹操在战争初期处于十分被动的状态，一直在解决各种突发事件，而没有直接去解决问题。根本原因就是他在这段时间里没有收集到可以结构化分析问题的有效信息。

但是，这并不妨碍他利用目前的信息去解决现阶段的问题，先构建出金字塔的一部分，再从时间顺序的逻辑角度出发，在这个阶段曹操主要面对的是“如何防守”这一方面的问题。

那么根据目前的信息，我们可以得出曹操在前期的主要问题以及相应的解决办法。

1. 如何利用较少的兵力进行防守？解决办法：防守重点城镇要塞。

2. 如何抵御袁绍的正面攻势？解决办法：采用牵制或奇袭的方式，避免正面决战。

结构化分析问题，需要识别关键信息

在案例中我们可以看到，曹操正是运用上文的两条解决办法，瓦解了袁绍的第一轮攻势，让自己从被动防守的状态下解脱出来，进入双方相持阶段。在这个阶段中，问题开始出现变化，双方的信息条件同时出现变化。

曹操方面：

1. 在相持阶段出现了粮草短缺问题，无法继续与袁绍对峙。

2. 许攸前来投奔，带来袁绍屯粮重地的消息。

袁绍方面：

1. 随着相持时间变长，对粮草运输的防范出现漏洞。

2. 在有充足粮草的供应下，袁绍减弱对曹操的攻势。

我们需要继续对这些能够影响问题变化的信息展开分析。很多时候信息的出现是十分繁杂的，这需要我们根据具体情况，去识别其中能够对问题产生最大影响的关键信息。由此我们又可以得出一个结论：在收集动态信息的过程中，需要识别其中的关键信息，并以此解决问题。

那么对于如何识别官渡之战中后来出现的关键信息，我们就需要用到在正式分析案例前介绍的“古代战争中的两个概念”，关键信息就是“围绕着粮草展开的击溃战”。曹操作为东汉末年杰出的军事家自然是清楚这两个战争概念的，所以分析出现的新信息后，很快便得出了对于“如何反击”的结论：开始主动出击，针对袁绍的屯粮重地展开突袭，形成对袁绍的击溃战。

结构化分析问题的步骤的合并

综上所述，我们已经可以清楚地看到，结构化分析问题实际上就是在确定问题的框架之后，对问题展开的一系列信息的收集，并且利用这些信息进一步分析问题。当这些信息足够充分的时候，我们就可以直接进入“分析或找到解决方案”的步骤中。与之对应的就是，在“界定问题”的时候，如果背景和达成条件已经足够充分，那么就可以跳过“结构化分析问题”这一步骤。例如：

曹操在官渡之战中界定问题时只能确定要做的，即“防守与反击”，但这还不足以让他直接进入“分析或找到解决方案”的步骤中。因为要想彻底战胜袁绍，他还缺少足够的信息，所以必须继续对界定问题进行结构化分析，先将“如何防守”的问题分析出来，并找出解决方案。当可以直接帮助他解决问题的关键信息出现时，他就不需要再进行结构化分析了，直接把这个信息转化为解决问题的方案就行了。

生活案例

你看中了一套房子，因为房主着急出售，所以价格十分便宜。然而你手里没有足够的资金，因为很久之前，你把钱借给了一个朋友，他迟迟没有还钱给你。眼看就要错过这个买房的机会，这时你该怎么办？

案例分析

我们首先对问题进行界定，很容易就可以找出问题的框架：1.如何抓住眼前这个买房的机会？ 2.朋友近期能否还钱？

接下来我们对问题进行结构化分析，得出在保证这套房子是没有问题的基础上，这个机会很难放弃的结论。针对这个局面，我们就要想清楚：如果朋友近期不能还钱，那么这套房子我能否购买？

或许，我们可以通过其他方法，筹集相应的资金，抑或是通过先缴纳一部分定金将房主稳住等方式来达到我们的目的。

对于“朋友能不能还钱”的问题，我们目前还没有足够的信息去判断，因此需要动态收集后续的信息。那么就有可能出现多种情况，例如：他看到你要买房，立刻凑钱还给了你；或许他的确有困难，暂时没办法还上；抑或是他只能先还一部分。这就需要我们识别其中的关键信息，进而解决我们“如何买房”的问题。

需要注意的是，案例中的情况乍一看好像存在因果关系，但通过分析之后，其实可以发现两者的关系并非如此，“朋友能不能还钱”与“你能不能买房”并没有直接关系。这是我们要进行结构化分析的重要原因。

章节总结

1. 结构化分析问题，需要动态收集与问题相关的信息。

2. 结构化分析问题，需要识别其中的关键信息。

3. 解决问题的四个步骤中，结构化分析问题可以根据前后两个步骤的相关条件，与其中一个步骤合并。

4 永乐大帝 朱棣

——找到解决问题的方案

当我们确定了问题的框架并结构化分析了问题时，后续的步骤就相对容易多了。金字塔原理的核心就是通过对已知信息的分析、归纳、总结，逐步推出解决问题的最终方案。换句话说，当一个问题出现在我们面前时，我们通常会感觉到无从下手，这是因为我们对这个问题知之甚少。而金字塔原理的思考过程，就是将未知变为已知，并以此来帮助我们解决问题。结构化分析问题并找到解决问题的方案，就是将未知转为已知的关键步骤。当你能做到这一步时，完成最终的破阵就会变得十分轻松。

经典案例

在明朝的所有皇帝中，朱棣的成就可以说是仅次于朱元璋的。在政治和军事方面，他改革政治机构，设立贵州布政司巩固南方边防，同时多次亲征解除北部边患，维护了国家的领土安全。在文化和外交方面，他命人编修《永乐大典》，派郑和下西洋，极大地弘扬了明朝的国威，提升了对外影响力。在内政方面，他更是疏通大运河改善民生，又迁都北京强化明朝的统治，最终使大明从靖难之役的满目疮痍中恢复过来，并创造了被后世称赞的“永乐盛世”。

朱棣之所以能做出这么多杰出的政绩，一方面固然是因为他励精图治、心怀天下，另一方面是因为他所面临的问题迫使他必须做出这些事情。

朱棣出生那年，正是元末战乱时期，父亲朱元璋正跟陈友谅打得不可开交，朱棣出生当日又正好赶上陈友谅攻陷太平，以至于朱元璋甚至都没有看一眼这个刚出生的孩子就急忙赶往前线指挥作战，名字就更没有时间取了。直到至正二十七年（1367年）旧历年底，朱元璋准备下一年登基称帝，已经七岁的朱棣才正式拥有了自己的名字。后来，朱元璋为了抵御外患，曾多次分封诸子为藩王，让他们领兵镇守一方，朱棣也是这些藩王中的一个。

洪武二十五年（1392年），太子朱标病故，按照嫡长子继承制度，继任者便成了太子的嫡子朱允炆。此时，朱元璋几乎将功臣、宿将屠杀殆尽，导致整个北方能抵御外敌的将领只剩下当时分封的几个藩王。因此各个藩王拥兵自重，朱允炆根本无法控制局面，为此深感忧虑。于是，朱允炆与近臣开始密谋削藩以加强皇权。

朱棣知道，如果自己真的坐以待毙，他这个皇帝侄子虽然不会杀了自己，但后半生注定要在软禁和监视中痛苦地度过。朱棣是一个在战争中成长起来的人，他绝对不会让这样的事情发生在自己身上。况且，放眼整个大明朝，真正能与他抗衡的将领寥寥无几，而且北方很多守卫边疆的战将也多是他的旧部，如果他登高一呼，那么很快就能得到这些人的响应。

在经过漫长的思考之后，建文元年（1399年）七月，朱棣设计擒杀了建文帝派来监视他的官员，率兵趁夜夺取北平九门，并以诛灭奸臣的名义誓师出征，历史上著名的“靖难之役”就这样开始了。

虽然朱允炆作为大明名正言顺的皇帝，能够调集比朱棣多数倍的兵马，但最终因为仁慈与将领的无能，很快就被朱棣攻陷了都城南京。南京城陷之时，宫中燃起大火，建文帝朱允炆不知所终。朱棣则在南京城陷一个月之后，正式登基称帝。

然而，登基称帝并不意味着朱棣已经获得了全面的成功，恰恰相反，他此生真正要面临的问题才刚刚开始。朱棣为了让自己能名正言顺地继承帝位，推翻了建文帝在位时的一切举措。具体表现为：建文帝贬斥过的官员，一律官复原职；建文帝实施的各种改革政策，一律取消；建文帝颁布的一切与朱元璋时期不相符的法规，一律废除。

朱棣也不管这些政策和官员到底是好是坏，反正只要是和建文帝有关的，就一律推翻。其中不乏减少赋税真正利于民生的政策，也通通被废除了。朱棣这么做，就是在向全天下宣告：“建文帝这个皇帝当得不好，他的所作所为都是错的，现在我当皇帝了，那我就要改正这些错误。”不仅如此，朱棣为了彰显建文帝削藩政策是错误的，还重新分封了很多藩王。不过这只是在他即位之初，局势还不稳定的时候。后来随着皇位的稳固，朱棣又以各种理由削弱了这些藩王的势力。

与此同时，朱棣还继续完善文官制度，开始设立内阁分化宰相的权力，并加强地方行政的监察与管理，将权力进一步收归中央。其中最重要的举措，就是建立了后来臭名昭著的“锦衣卫”制度和“东厂”制度。朱棣通过这种极端的特务情报机关，将大臣的一举一动完全掌握在自己的手里。

即便如此，朱棣还是不放心，毕竟南京不是自己的地盘，建文帝在当地的世族和官员心中仍然有不小的影响力。于是，朱棣开始了迁都北京的计划。将大明的首都迁往自己的封地，一方面更有利于政局稳固，另一方面可以亲自抵御边患，将大明的精锐部队牢牢掌握在自己的手里。为此，朱棣还将大运河重新疏通，既方便了物资运输，又加强了南北两方的联系，为迁都北京奠定了基础。

在军事方面，朱棣也充分发挥自己的才能，先后五次北征，维护了明朝边疆的安宁。他还派兵进攻安南，将越南并入了明朝的领土。永乐十四年（1416年），他更是对沿海倭寇进行了清剿，保证了沿海地区的商贸与民生发展。

朱棣在位期间，通过一系列的举措，使明朝的政治、经济、文化，乃至军事都处于世界领先水平。永乐后期，明朝更是出现了各国争相来朝的盛况，仅仅是受到明朝册封的国家就有三十多个，是当之无愧的王朝盛世。

当切换到朱棣自身的视角，我们再去看待他在即位之后的行为，就会发现这一切实际上都是朱棣在解决自己所面临的问题。

通过已知推理未知

出现问题时，我们要思考这个问题该如何解决，而问题产生的背景、条件和所有跟问题相关的信息，就是已知条件。那么，解决问题的第一步就是通过已知条件推理分析出未知的信息。

在这里需要注意的是，从历史故事中学习前人智慧，尤其是分析历史人物的行为动机和处理问题的方式时，不要站在历史的宏观角度，否则分析很容易流于表面。比如确定朱棣即位后的问题框架，就可能出现这个问题。

从历史的角度来看，我们知道朱棣即位后，肯定要加强皇权统治，那么他就要面临一个问题："如何加强自己的统治？"实际上，如果转换到个人的角度，当你刚刚经历一场艰难的战争，终于得到可以号令天下的无上权力时，你是否能准确地发现这个问题？这其实是需要一定的分析和界定的。

举一个更贴近我们生活的例子。比如，你从一个公司的实习生干起，辛辛苦苦、兢兢业业，熬过了无数次深夜加班，经历了无数次职场中的竞争与搏杀，终于得到了一个分公司总经理的职位。从此之后，你不仅有别人难以想象的高薪和分红，还拥有了极大的职权和资源。你的朋友会羡慕你，你的下属会恭维你，显然你已经走上了职场和人生的巅峰。在这样的情况下，你还能准确地界定你所面临的问题吗？

无论是分析前人的故事，还是解决自己面临的问题，界定问题和分析问题都是极其重要的步骤，简单的主观臆断很容易让人朝着完全相反的方向去努力。换句话说，在从已知推导出未知的过程中，一定要注重分析的过程。

回到朱棣的故事，他是通过一场家族相残的战争获得的皇位，虽然依靠铁血手段能够暂时控制住局面，但是时间一长必定会受到威胁。这个问题产生的原因，一方面是朱允炆并没有做错什么，相反，仁爱的朱允炆很受当时的百姓爱戴；另一方面是朱棣的即位违背了祖宗的礼法，从士大夫阶层角度来看，这是非常大逆不道的行为。

由此，我们可以通过已知的背景和条件，得出问题框架。

如何加强皇权统治？ 1. 彻底推翻朱允炆的统治基础。2. 在士大夫阶层形成自己的统治基础。

接下来，我们对问题进行结构化分析。

如何推翻朱允炆的统治？1.朱允炆的皇位来源很正，属于嫡长子继承。2.朱允炆在位期间的举措有利于国家。3.朱允炆下落不明，存在潜在威胁。

如何在士大夫阶层加强统治？1.士大夫阶层质疑朱棣的正统性。2.士大夫对朱棣的统治存在恐惧。

通过对问题的结构化分析，问题的未知部分已经梳理完毕。

通过分析与思考将未知转化为已知

在结构化分析的基础上，我们已经可以有针对性地对促使问题产生的各个条件进行分析或找到解决方案，那么这一步就是将未知转化为已知的步骤。而当一个问题的各个方面与条件都转化为已知信息时，我们就可以找到最终的解决方案。

1.如何推翻朱允炆统治？

（1）朱允炆的皇位来源很正，属于嫡长子继承。

分析及解决方案：朱棣的做法违背了嫡长子继承制度，他的确不是嫡长子。对于这个问题，他只能先从礼法上否定朱允炆的皇位。即恢复朱元璋时期的礼法，且否定建文帝的年号，同时以铁血手段镇压对此提出异议的人。（朱元璋的皇后是马皇后，在正统史料记载中，朱棣的确是马皇后所生。但是在某些史料的记载中，朱棣并非马皇后的亲生儿子，而是侧室庶出。也有学者推测，朱棣很有可能在即位后改写了他真实的出身，也就是进一步解决了自己在礼法上的皇位正统性。）

（2）朱允炆在位期间的举措有利于国家。

作为继任的君主，朱允炆的很多举措都是有利于民生的，这无疑会加强他在百姓心中的地位。那么朱棣凭什么推翻这样一个好皇帝呢？只能证明朱允炆并不是一个好皇帝，对应的方法就是全盘否定和撤销朱允炆所有的举措，无论对错都要说是错的。

（3）朱允炆下落不明，存在潜在威胁。

这是对朱棣影响最大的一个情况。因为朱允炆下落不明，就意味着以后会有人打着建文帝的旗号起兵。而对于朱棣来说，无论他怎样否定朱允炆，朱允炆的正统性都是高于他的。所以朱棣只能派人去找朱允炆，而且还不能明目张胆地去找。于是，勘探全国各地龙脉的官员，甚至是先后七次下西洋的郑和，都是为了去找朱允炆。

2.如何在士大夫阶层加强统治？

（1）士大夫阶层质疑朱棣的正统性。

这是朱棣要面对的主要问题，虽然他可以通过否定朱允炆的举措和年号来降低建文帝的正统性，但士大夫阶层对政治的理解更加透彻，这些手段并不能完全让士大夫阶层臣服于他。更可怕的是，士大夫是整个封建王朝中最有话语权的一个群体。所以改变士大夫的态度虽然十分困难，却十分重要。

对此，朱棣首先想到的就是要把皇帝这个职业做得更加出色，无论是在经济、文化、军事上还是在民生、外交等各个方面上，都要有史无前例的功绩，以此来回应士大夫阶层的质疑。

其次就是迁都北京，将统治中心迁移到更有利于自己的地区。这个行为还可以削弱藩王的势力，因为在皇帝亲自守卫边疆的情况下，就不需要藩王手握重兵了。

最后是削弱相权，设立内阁制度，削弱士大夫阶层的权力，也就是变相地减少士大夫阶层的话语权。

（2）士大夫阶层对朱棣的统治存在恐惧。

朱棣通过战争手段夺得皇位，且在即位之后诛杀了大批忠于建文帝的臣子，因此，士大夫阶层对朱棣的统治都心怀恐惧。正常情况下，朱棣应该对士大夫阶层给予怀柔政策，消除他们的恐惧。但朱棣显然做得更加彻底，非但没有对士大夫阶层进行怀柔，反而设立恐怖的特务机构“锦衣卫”与“东厂”，直接对士大夫阶层进行极端的监控，让他们陷入更深的恐惧之中。

如果单纯看这个举措，显然是违背了解决问题的初衷，但是从全局角度来看，却取得了不错的成果。

通过以上内容，我们可以看到，只要针对造成问题的每个因素进行分析，便可以将原本未知的解决方案转化为已知的各种具体行动。

需要注意的是，朱棣这一反向操作，实际上蕴含了深厚的智慧，与《周易》中“穷则变，变则通，通则久”的哲理不谋而合。这里的“穷”并非单指穷困，而是指当一种模式、一种体制、一种制度发展到了极限，必然会遇到困境与阻碍，这时便需要“变”，即改革与创新。朱棣设立锦衣卫与东厂，是对明朝初期政治制度的一次重大调整，是为了更有效地维护皇权、加强中央集权、强化君主专制。

而在《孙子兵法》这部千古兵书中，也有“兵无常势，水无常形”的论述。它告诉我们，战争中的形势是瞬息万变的，没有固定的模式可以遵循。这种思想同样适用于我们处理现代问题。在战场上，要灵活应变，寻找敌人的破绽；在生活中，我们也要学会因时而变，因地制宜。

我们正处于一个史无前例的信息化时代，科技的飞速发展使得世界日新月异。在这个时代，我们面临的问题更加复杂多变，解决问题所需要考虑的因素也愈发繁杂。因此，我们在处理问题时，更要牢记“穷则变，变则通，通则久”与“兵无常势，水无常形”的哲理。

职场案例

通过一段时间的努力，你终于在公司获得了中层领导的职位，主要负责管理销售部。但原有的客户资源大多被老员工把持，而且多数老员工对你的任职表示不满，这让你的工作陷入了很大的困境。

案例分析

这个职场案例的情况，实际上类似朱棣所面对的问题。但根据现代企业的具体情况，我们仍然需要进行系统的分析。

首先，企业的员工都是为了在工作中获得更多的收入，老员工把持原有的客户资源可以让他们获得稳定的收入，也能让他们在企业中获得稳定的地位。而你作为领导，没有足够的客户资源作为资本，因此无法对下属进行管控。并且在你没有足够客户资源的时候，老员工也不会完全服从你的领导，他们认为接受你的指示会影响自身原有的稳定收入，这导致你的工作无法有效开展。

根据以上分析，可以界定出你的主要问题：如何让员工相信在你的领导下他们会获得更高的收入。随后，我们可以找出以下两个问题：

1. 如何将原有的客户资源收到你的手里？

2. 如何开发自己的客户资源？

解决问题1是一个非常敏感且困难的事情，因为破坏员工原有的稳定收入，很容易触犯员工的底线。但如果不去改变他们原有的收入模式，又很难让他们继续拓展新的资源。

解决问题2同样是非常困难的，因为在市场已经趋近成熟的情况下，单凭你自己的力量很难开发新的资源，这需要老员工的帮助。但在问题1的影响下，老员工很难尽全力帮助你。

现在我们通过结构化分析，又将已知信息推进了一步，得出了解决问题的具体条件。

1. 打破老员工原有的收益平衡现状。

2. 让老员工帮助你开发新的客户资源。

通过进一步的分析，我们不难看出，实际上条件1与2之间存在因果关系，那么根据时间顺序就可以得出，我们首先完成条件1，在此基础上条件2会随着条件1的达成而达成。根据当今企业的实际情况，打破平衡的最好方式就是创造竞争环境。例如：

方案1：将原有老员工划分项目组形成竞争关系。

方案2：招募新员工，与老员工形成竞争关系。

方案3：申请收益更高的项目，并以竞争的方式分配给员工。

方案4：创建新的部门考评机制，加强竞争关系。

章节总结

1.金字塔原理的思考过程，就是通过对已知信息的逐步推导与分析，将未知变为已知。结构化分析并找到解决问题的方案是将未知转为已知的关键步骤。

2.在处理实际问题时，要注意根据具体条件随机应变。

第四章

破阵

权谋的顶级运用

通过对前面内容的学习，我们应该已经对“金字塔原理”的各部分内容有了比较清晰的认识与了解。前面的内容分别从语言表达、思维逻辑、解决问题三个方面，阐述了金字塔原理如何帮助我们思考，如何为我们的破阵提供有效的思路。

然而，想通过金字塔原理去解决实际生活中出现的问题，还需要全面综合分析。尤其是很多时候，我们所面对的“阵”，往往是不利局面，所以如何逆风翻盘、顺势破阵，便成了我们需要思考的问题。

因此，作为本书的最后一个部分，我们将结合历史上的顶级权谋故事与前面所学习的内容，对金字塔原理的实际运用进行全面的整合与升级。让我们从这些云谲波诡的故事中了解金字塔原理的奥秘，感受古人在逆境中所爆发出的非凡智慧。

1 三藩之乱（上）

——新的信息很重要

学习前人的经验，往往可以帮助我们解决眼前的很多问题。然而，随着时代的变迁以及环境的变化，很多时候前人的经验是不能够生搬硬套的，甚至连可借鉴的相关经验都没有。那么，我们又该如何解决当前遇到的问题呢？

更加可怕的是，如果我们恰恰又处在一种极其不利的情况下，即容错率极低，几乎没有试错机会。那么，在这种情况下，我们是否能够运用金字塔原理厘清思路，进而顺利破阵，获得成功呢？

现在，我们带着这些问题，回到康熙十二年（1673年），和年仅十九岁的玄烨，一同面对那场史无前例的挑战吧！

经典案例

说起清朝初期的几件大事，不得不提三藩之乱。这件事不仅反映了中国古代封建王朝的固有矛盾，还暴露出清朝立国时就隐藏的巨大隐患。当然，故事的结果是玄烨成功化解了这场危机。如果我们以他当时的视角再去看平定三藩之乱的过程，那其中所蕴藏的权谋手段非常值得我们分析和思考。

正式进入故事之前，我们必须了解中国古代封建王朝的两大矛盾。

一个是皇权和相权的矛盾，不过这个问题已经被明太祖朱元璋基本解决了，一招釜底抽薪，直接把丞相这种职位彻底干掉了。另一个便是中央集权和地方分权的矛盾，这几乎是历朝历代的帝王都在努力解决的问题。毕竟古代社会的生产力水平相对低下，也没有手机、电话这一类的通信工具，皇帝就算把自己累死，也不能独自管理好如此庞大的国家，因此就必须将一部分地区交给其他人管理。

当然，皇帝也知道这种做法会让地方的封疆大吏手握大权，可能产生反叛之心，所以一开始都是将这些地区交给自己的兄弟或亲戚管理。西汉初年的郡国并行制，以及明初的分封同姓诸侯王的行为，都是如此。

但问题是，这一招刚开始的时候效果还不错，等时间一长，地方上的人有了自己的兵马钱粮，谁都想过一把皇帝瘾。尤其是当老皇帝驾崩，新上位的小皇帝威信还没有树立起来的时候，他们的小心思便按捺不住了。

年仅十九岁的玄烨就遇到了类似的情况，并且他面对的局势比起以前的朝代更加复杂。因为他要面对的这场三藩之乱的主角——“平西王吴三桂、平南王尚可喜、靖南王耿精忠”，是叛明降清，并为清朝立下赫赫战功的老大哥。

这三位绝对称得上是游戏服务器里的顶级玩家，等级高，经验足，装备好，技术高超，团战稳定，思路清晰。而且最重要的是，当时三藩的势力盘根错节，大有占据半壁江山之势！相比之下，玄烨就是一个刚刚解决掉新手村BOSS（鳌拜）的小白。

可以想象，当看到吴三桂等人拥兵自重时，玄烨或许会翻看历史典籍借鉴一下前人的经验，然后没过一会儿，他可能就会直接把书摔在地上，仰天长叹道："爹啊，你这是给我留了个什么烂摊子啊，童话里都是骗人的！"

以前那些皇帝所面对的地方诸侯，基本上都是自家的兄弟，无论势力、野心多大，最起码还遵守一个法度。比如，汉武帝出一个"推恩令"和"酎金夺爵"就能削掉一大片诸侯的势力。而且就算这些诸侯真想造反，他们也得有个名正言顺的理由，再不济也得跟明朝的朱棣一样，整一个"靖难清君侧"的旗号才能行动。

可玄烨这边呢？简直是地狱难度的"副本"！那三位老大哥有什么底线可言吗？

三藩地处边疆，经营多年，兵强马壮。最主要的是，这帮人跟自己都不是一个民族的！而且那些明朝遗老，不少都怀着反清复明的异心。他们要是想造反，那几乎就是一呼百应且名正言顺。这还怎么玩儿啊？

早在顺治帝驾崩之时，吴三桂就曾以祭拜先帝的名义拥兵北上，把清朝这帮大臣吓得连城都不敢让他进！所以亲政之后，玄烨深深地感受到了这种危机，决心无论如何都要解决三藩问题。

吴三桂或许洞察到了朝廷想要削藩的意图，于是在康熙六年（1667年），就以自己眼睛有病为由，请求解除自己总管云贵两省的事务。他本意只是想试探一下玄烨的想法，结果，万万没有想到，玄烨竟然同意了！

吴三桂心想：小皇帝真是太损了，怎么不按套路出牌呢？正常情况下，最起码也得推辞两三个回合吧！你这一锤子买卖是跟谁学的呀？尽管后来也有张国柱、李本深等人为吴三桂请命，让他继续管理云贵事务。但玄烨依旧以照顾吴三桂的身体为由，全都否决了。不得不说，玄烨想要削藩的想法，实在是太坚决了。而两人的这次交手，不仅没有让吴三桂的势力受到削弱，反而激发了他的反叛之心。

康熙十二年（1673年），继吴三桂之后，平南王尚可喜也出“幺蛾子”了。他连连上书请求回到辽东老家，被玄烨给驳回了。原因是尚可喜自己虽然要走，却想让他的儿子尚之信继续留守广东。

这事儿尚可喜干得实在是有点过分。自己当土皇帝没当够，还提前给自己儿子铺路，你把大清当成什么了？玄烨少年意气，能惯这毛病吗？

于是，经过兵部、户部和议政王大臣商议，他们都认为让尚之信留在广东，实在是跋扈难制，日后必将养成大患。玄烨听完，当即拍板，下诏撤藩。

“朕要削藩！”

消息传出，吴三桂和耿精忠一合计：“小皇帝是真愣啊，是不是有点玩不起？得嘞，咱们也别坐以待毙了，赶紧想想办法吧！”

那办法是什么呢？就是请求“移藩”！

“皇帝不是怕我们造反吗？那我们就走呗，我们这么配合朝廷的意思，你能挑出一点毛病吗？只不过我们几家在边疆驻守的时间也比较长了，亲戚朋友都非常多，拖家带口的十几万人呢，想搬去别的地方，的确不是件容易的事情。但是朝廷的旨意，我们无论如何都是要配合的！一切困难也都是可以克服的！

“只要朝廷把搬家的盘缠给我们，我们马上就走！其实也就区区几百万两银子而已。如今我大清国力强盛，威震寰宇，一定不差这点儿钱，对吧？”

玄烨接到吴三桂和耿精忠回复的时候，估计后槽牙都能给咬碎了。

“太不是东西了……你们在地方上经营那么多年，给我交过一分钱的赋税吗？现在要搬家了，居然还伸手跟我要银子？都好意思吗？”

面对此等情形，大学士索额图、图海等人都认为不能让三藩迁移。只有刑部尚书莫洛、户部尚书米思翰、兵部尚书明珠等人力请迁藩，给出的理由也充分。说不管怎么样，先让吴三桂这帮人动起来，等他们离开自己的地盘，那就失去了根基，一大家子人流浪在外，就算咱们不给钱了，他们又能怎么样？

玄烨一琢磨，这三藩是必须削的，如果只要给钱就能解决，那当然是最好的。于是他果断下令，让三藩都撤到山海关之外。

殊不知，这一决定竟然在未来酝酿出了更大的祸患……

三藩之乱的后续内容，我们将在下一节中继续讲解。现在我们就这场动乱的“第一回合”进行分析与思考，分别从“玄烨”和“三位老大哥”的视角出发，去了解在这场权谋博弈之中，双方所展现的逻辑思考与破阵的思维，并通过金字塔原理加以印证，从而引发属于我们的思考，进而提升我们的认知。

梳理基本信息时出现的失误极其致命

从故事中我们不难看出，从玄烨的视角出发，他实际上犯了一个严重错误，以至于酿成了后来更加严重的三藩之乱。那么我们先来看，这个错误出现在哪里，以及为什么会出现这样的错误。

首先，照例我们根据金字塔原理罗列基本信息。

1.三藩兵强马壮，实力雄厚，地处边疆。

2.三藩曾跟随先帝征战四方，资历深厚。

3.三藩都是明朝叛将，道德底线并不高。

4.清朝取代明朝，存在民族矛盾与隐患。

5.玄烨刚刚亲政不久，威信不足，没有足够强大的势力。

6.三藩都曾对朝廷的态度进行过试探。

接着，我们继续对这些信息进行提炼。

根据“1、2、3”可得：三藩必须进行压制，否则必然成为心腹大患。

继续根据“4、5、6”可得：三藩已经有不臣之心，但现在玄烨还没有实力直接对抗三藩。

很明显，根据这样一个金字塔的思考逻辑，我们可以得出：想要解决三藩问题，需要先树立威信和势力，再对三藩徐徐图之，否则玄烨没有能力解决这个问题。

然而，我们在故事中看到的结果是，玄烨面对三位老大哥的试探，都表达出了强硬的态度，甚至到最后直接采取行动，准备根除三藩问题。从我们现在的视角来看，这个决定必然是一个极其严重的决策失误。究其原因，则是玄烨在梳理基本信息时，忽略了一条很重要的信息，即三藩都曾对朝廷的态度进行过试探。

玄烨在思考中，肯定想过这条信息，但问题是他没有把这条信息当作“基本”信息去梳理，而是直接依托这条信息，进行了最后的决策。其实反过来思考一下，我们就能想明白，三藩之所以一次次试探朝廷的底线，无非是这三位大哥现在也不能确定自己到底该怎么做，所以才要参考对方的态度，再进行决策。这实际上是一个非常正确的权谋操作，毕竟就算有了不臣之心，谁也不敢直接没理由地造反。

那么再进一步深挖其中的问题，我们便可以得出本节的第二条重要内容。

面对出现的新信息，一定要放到整体信息中去思考

通过前面的学习，我们都知道梳理信息时需要对基本信息进行归类。随着问题的发展与变化，新信息会不断地出现，那么我们自然也要跟随着这种发展和变化，不断调整我们的决策与思考逻辑。

很显然在本节故事中“三藩都曾对朝廷的态度进行过试探”这条信息，就是在事情发展的过程中出现的新信息，而恰恰就是这条新信息，促使玄烨做出了错误的决策。也就是玄烨没有将这条信息像我们刚才一样分析，而仅仅就在这条信息的基础上直接进行了决策，那么最后出现失误就是必然的结果了。

接下来，我们再切换到“三位老大哥”的视角，继续得到本节的第三条重要内容。

当基本信息不够的时候，可以通过一定的方法获取新信息

作为三位顶级权谋玩家，三位老大哥都不约而同地采取了“试探朝廷的态度”这一策略。归根结底，他们都想对自己当下的问题进行决策和判断。然而对于他们来说，当前的基本信息并不足以支持他们进行决策，所以他们通过试探的方式获取新信息便是最好的决策途径。

那么很明显，他们都得到了想要的信息，那便是“小皇帝想要削藩

的态度十分坚决，自己必须要采取行动了”。由此反将一军，他们提出“迁藩”，在合情合理的情况下，逼迫朝廷给予自己更大的利益，迫使朝廷必须做出决策。可以说，在三藩之乱这个故事的第一回合，玄烨已经输了。

生活案例

你工作多年，终于可以拥有一套属于自己的房子，然而有限的预算和自己的理想之间显然存在着不小的差距。更重要的是，房子的首付有一部分是父母帮你出的，而代价自然是父母对这套房子有一定的要求。不过请放心，他们要求的内容都是为了你好，例如房子要有学区、交通便利、南北通透、三居室。这样你结婚之后有了孩子，他们便可以和你一起住，帮你带孩子。

然而，实际上你只是想有一个属于自己的空间，不再继续租房的生活罢了，至于结婚生子都不在你的考虑范围之内。就在这时，你恰恰遇到了一个自己很喜欢的女生，对方也很喜欢你，这让你猛然间萌生了结婚的想法，这时候你该如何抉择呢？

案例分析

从这个案例我们可以看到，最开始“你”只是想买一套属于自己的房子，可是随着事情的不断发展，你要考虑父母的要求，以及和女朋友结婚的想法，当然还有你自己本身的想法。那么我们不妨照例罗列一下基本信息：

1.我工作多年，只是想要一套属于自己的房子。

2. 需要父母帮助我添置一部分首付，否则这套房子我买不起。

3. 父母帮助的代价是我不能按照自己的喜好去选择房子。

4. 父母的要求是这套房子要当作婚房去准备。

5. 女朋友的出现让我萌生了结婚的想法。

不难看出，随着新信息的不断出现，似乎呈现出了一种顺理成章、水到渠成的事情发展脉络，即可以直接做出决定了。然而，这像不像本章故事案例中，玄烨所面临的处境呢？也就是被出现的新信息所迷惑，导致我们忽略对基本信息的梳理。这样决定下来，我们最后得到的是一套“按照父母要求所准备的婚房”，而不是一套“属于自己的房子”。面对这样的情况，根据本节的内容，我们要做的就是获取新信息。

例如与父母和女友分别沟通，看看他们对自己的期望是否一致。这样就会得出新信息，能帮助我们进一步判断。或许女友并不想这么快结婚；或许父母觉得只要你开心就好；或许相处一段时间后，你和女友对未来的期望并不一致；甚至有可能在一段时间后，你获得了升职加薪的机会，完全可以凭借自己的能力买一套房子，过上自己想要的生活。

根据这些新信息，再加上之前的基本信息，我们很容易得到全然不同的最终决策。所以，针对这类生活中的案例，我们需要仔细思考现有的信息，并在获取新信息后归纳和梳理，进而做出最终的决策，否则就很容易做出错误的决策。

章节总结

1 梳理基本信息时出现的失误极其致命。

2 面对出现的新信息，一定要放到整体信息中去思考。

3 当基本信息不够的时候，可以通过一定的方法获取新的信息。

2 三藩之乱（中）

——思考顺序的整体运用

在上一节中，我们知道了在梳理基本信息的过程中容易出现致命的失误，以及在面对新出现的信息和没有足够的信息时，应该采取怎样的措施。玄烨在这一过程中把原本的“逆风局”打成了一个“绝境局”。在这样的局势下，故事将出现怎样的变化？在变化中，双方所采取的行动，又将带给我们怎样的思考呢？

下面我们跟随着玄烨，继续来破解这场三藩之乱吧！

经典案例

上一节我们说到，玄烨面对三藩的几次试探，做出了让三藩都撤到山海关之外的决定。这无疑极大地激化了三藩和朝廷之间的矛盾，让原本只是双方的拉扯和试探直接升级成双方必须做出最终决定的严重情况。

要说这件事儿，玄烨做得多少有点儿不太厚道。毕竟在清朝初期的那个时代，一没飞机、二没火车、三没汽车的，高速公路和国道也都没开始修呢。然而你这小皇帝一道圣旨，就想让吴三桂从云南出发，带着十几万人去东北定居，多少是有点强人所难。

别说放在古代，哪怕是现在这个时候，让我们带着家人来个南北大搬家，也是一件很有挑战的事儿。吴三桂和耿精忠本来也就是迫于形势跟你客气一下，谁知道你却一点都不客气啊！

没办法，吴三桂也知道这个家是肯定不能搬的，一旦动起来，离开云南这个大本营，自己这帮人就任人摆布了。朝廷那点心思，他作为顶级玩家怎么会看不出来呢？于是他当即联络旧部，又和耿精忠密谋，正式开始准备叛乱！

康熙十二年（1673年）八月，清政府命礼部侍郎折尔肯赶赴云南、户部尚书梁清标赶赴广东、吏部侍郎陈一炳赶赴福建，会同各藩及督抚商榷迁藩事宜；九月，又命鄂善、桑额接管云南军务。

此时的吴三桂正在紧锣密鼓地准备造反事宜，表面上虽然接受了朝廷的旨意，却不断地拖延时间。直到康熙十二年（1673年）十一月，吴三桂终于起兵，杀了云南巡抚朱国治，并拘捕了按察使以下所有不顺从自己的官员，同时发布檄文，自称“原镇守山海关总兵官，今奉旨总统天下水路大元帅、兴明讨虏大将军”。

吴三桂通知了尚可喜和耿精忠这两个老伙计，以及各地的故旧将领，连台湾的郑经都没落下，众人一起举兵响应。随着他的起兵，三藩之乱正式开始。

吴三桂兵锋所指，一路势如破竹，很快便进军至湖南，占据常德、岳州、长沙等地。而清军则是聚集在荆州、武昌、宜昌等地，不敢渡江与之交锋。

与此同时，老伙计耿精忠在福建反叛。台湾的郑经也开始渡海，进攻福建的漳州、泉州以及广东的潮州。四川的吴之茂、罗森、郑蛟麟，广西的孙延龄，宁羌的提督王辅臣也都先后起兵反清。总结起来，就一句话，整个长江以南都乱成了一锅粥！

尽管当时三藩之中的尚可喜并没有参与叛乱，而且还帮助朝廷牵制着广东地区的叛军。但是没过多长时间，他的儿子尚之信直接带兵夺权，把自己的老爹给软禁了起来。至此，三藩的全部力量都投入到了战斗之中。

一时间，四方震动，人心动摇，急得玄烨都要御驾亲征了，多亏一众大臣死活拦着不让，这才使玄烨打消了这个念头。但摆在玄烨面前的，依然是一个四面楚歌的绝境。

短短几个月内，云南、贵州、湖南、广西、福建、四川全部丢失了，连带着江西、陕西、甘肃等省份也全都落入叛军之手。清朝的疆域在中国历史上虽然不算小，但把以上的几个省份去掉，那基本上就缩减一半了。所以我们很难想象，当年的玄烨面对这样的局势，心里究竟承受了多大的压力。

时至1676年，也就是康熙十五年，此时战争已经持续了三年之久。凭借着八旗子弟的余威，双方逐渐进入了相持阶段，都在寻找破局的契机。

而就在这时，属于玄烨的转机出现了！

这个转机出现的地点在陕西，带来转机的人就是那个在陕西造反的王辅臣。

王辅臣原本也是明朝降将，南明政权灭亡后，被任命为陕西提督，镇守平凉。据史书记载，这个人跟吴三桂的关系非常好。然而在三藩之乱的筹备阶段，当吴三桂给他送来密信相约反叛的时候，这老哥转手就把吴三桂要造反的事儿告诉了玄烨。

只不过，后来在带兵对抗四川叛军郑蛟麟的时候，王辅臣觉得自己作为陕西提督，没有得到朝廷应有的尊重和待遇，直接带兵杀掉了朝廷派来的大学士莫洛，随即就又转头跟着吴三桂一起反清了。

看到这里，如果你觉得老王这人的人品很差劲，那你就错了。他那不是差劲，是极其差劲！话说王辅臣反清之后，也是势如破竹，很快就几乎占据了陕西全境。就在这千钧一发之际，刚刚二十出头的玄烨，做出了一个极其英明的决定——老王这人还行，咱招降他吧。

康熙十五年（1676年），玄烨任命图海为抚远大将军，率兵赶赴陕西。作战方针是先招降再攻打，让本地的老百姓感受到王师的仁义之心。不久之后，据城固守的王辅臣被断了粮草，导致城内人心惶惶。此时，图海指挥有方，用大炮占据高地，居高临下轰击城墙，并告知老王，只要真心归降，玄烨一定会既往不咎的！

于是乎，本就首鼠两端、左右横跳的王辅臣终于挺不住了，在图海的猛烈攻势下，他再次投降了。抚远大将军图海顺势拿下陕西，进而驻军汉中。

玄烨遵守承诺，没有追究王辅臣的罪过，还加封他为太子太保。不过即使如此，王辅臣后来还是因为害怕朝廷清算，畏罪自杀了。

为什么说王辅臣的投降是平定三藩之乱的转机呢？其实看到这里，熟悉三国演义的朋友，应该已经能猜到个大概。

之前作战双方之所以一直僵持，很大的原因就是有长江天险，以及南方多山多丘陵的复杂地形，这导致军队很难进行大规模的决战。汉中这个地方非常特殊，因为它是整个四川乃至西南地区进军中原的门户。当年诸葛亮六出祁山，根据地就是汉中！所以拿下汉中，就等于把一半的叛军逼到山里，战争的天平开始向有利于清朝的方向倾斜。

康熙十五年（1676年）五月，一直到康熙十七年（1678年）七月，自王辅臣投降后，三藩中的重要力量耿精忠也因为内部矛盾与台湾的郑经发生猜忌，导致腹背受敌。加上军粮匮乏、士气不振，军队暴虐、民心尽失，很快耿精忠就被清军接连攻克重要的城镇关隘。

面对这样的情况，玄烨仍旧恩威并施，一边大军压境，一边招降耿精忠。于是穷途末路的耿精忠只能开城投降，为戴罪立功，开始帮着清朝对付郑经的势力。几乎在同一时间，那个把自己老爹关起来的尚之信，因为和吴三桂出现矛盾，导致心生悔意，又看到王辅臣和耿精忠都已经投降，深感大势已去，索性也跟着投降了。玄烨同样赦免其罪过，让其戴罪立功。

总之，在康熙十七年（1678年）之后，三藩之中就只剩下始作俑者吴三桂还在孤军奋战。

很多时候，身处绝境的人都要依靠某个时间点或者某个机会实现逆风翻盘，从而获得成功。而很明显，从三藩之乱开始，到千钧一发，再到出现转机，玄烨已经实现了绝境之中的破阵。而在他的操作之中，我们也不难看出，实际上就是其中几个至关重要的步骤决定了这场危机的走势与发展。那么这几个步骤到底是如何出现的呢？这些步骤能带给我们怎样的破阵思维呢？

多种思考顺序的整体运用

在第二章的内容中，我们曾了解过金字塔原理中的思考顺序，其中包括时间顺序、结构顺序、程度顺序，并分别用了三个经典案例分析这三种顺序。那么我们是否可以在解决一个问题的过程中，将这三种思考顺序进行全面的运用呢？答案自然是可以。玄烨就是依靠着这样的方式，做出了关键的布局，最后扭转了战局。

依照惯例，我们继续按照金字塔原理梳理整个问题的基本信息。

1.三藩占据天下武装力量的一半，已经全部投入战斗。

2.除了三藩之外，台湾、陕西、四川等地也开始反叛。

3.叛军一路势如破竹，已经几乎占据了整个南方。

4.朝廷目前的力量，只能与之抗衡，无法进行剿灭。

5.叛军势力众多，属多股力量。

6.叛军多是明朝降将，互相之间多有隔阂。

7.尚可喜本身没有反叛，是其子带兵造反。

乍一看，这些基本信息，对玄烨而言，几乎毫无优势。照着正常的发展顺序，最好的结果就是清朝放弃整个南方地区，成为一个北方政权，南方则割据成无数个政权。最坏的结果，自然就是叛军一举攻灭朝廷，整个国家陷入几股势力的乱战。

可是，如果我们把这些信息进行提炼，便能找到一些隐藏的机会。而找到机会，找到关键的步骤，就需要几种思考顺序的帮助了。

首先，按照时间顺序进行思考，也就是寻找信息中存在的因果关系。

1.全国大半地方叛乱，是因为大量的地方军阀加入了战斗。

2.多股叛军势力加入战斗，是因为这些叛军大部分都是明朝降将。

3.明朝降将叛乱，是因为他们想要获取更大的利益。

4.想要获得更大的利益，是因为朝廷之前没有给到他们足够的利益。

通过这样一番思考，我们可以看到按照因果关系的时间发展来看，就是因为当初朝廷给明朝叛将的利益不够，所以才造成了他们的反叛。那么反过来如果给予他们更大的利益，这些人之中的某些人是不是就不会造反呢？

接下来，我们再按照结构顺序进行思考，也就是首先将这些基本信息重新解构成几个部分，然后针对不同的部分进行不同的思考。

首先，三藩之中的吴三桂和耿精忠是因为朝廷打算削藩，被逼着开始了反叛，而其中的尚可喜甚至一开始都没打算反叛。

其次，三藩之外的部分，又分为了陕西、四川与台湾。陕西、四川的叛军并没有三藩的势力大，而台湾郑氏家族就从没投降过朝廷。

总结起来，对几个部分进一步思考便可得知：三藩的联合叛乱虽然严重，但他们之间的联系并不牢靠。陕西、四川的叛乱，力量本就不强，更多的是借着三藩之乱的局势趁火打劫以索取更大的利益。而台湾的郑氏家族，压根就瞧不起这些明朝的叛将，本身就与这些人有着隔阂。

最后，我们再按照程度顺序，也就是按照达成目标时的难度高低，进行具体的内容分析。

三藩之乱所引起的问题，按照解决的难易程度可以分为“三藩所在地区、四川地区、台湾地区、陕西地区”等四个问题。三藩所在地区有长江天险，清军的水战力量本就一般，所以只能隔着长江与三藩势力僵持，难度最大。四川地区同样有着蜀道之难，但力量相比于三藩还是较弱的，难度其次。台湾的郑家水战更具优势，且有海峡相隔，好在陆战一般，所以难度再次。相比之下，最容易解决的正好是陕西的叛军，关中地区适合野外作战，这恰恰是清军最擅长的。

现在根据三个思考顺序的结果，从玄烨的角度来面对这场三藩之乱引起的危机，我们可以得出以下几个关键的结论：

1.叛军中有一部分人，只是为了索取更大的利益而反叛的，反叛的信念并不强。

2.叛军的势力虽然众多，但整体看来并不是一块铁板，存在着内部的矛盾。

3.陕西地区的叛军，在目前的情况下，是可以被平定的。

那么根据以上三点结论，我们再回过头来看转机，即1676年陕西叛军王辅臣的归降。严格来说，这个转机正是玄烨自己创造的。经过几年的成长，他已经比之前做出错误决策的时候，有了很大的进步。因此，他才能在如此危急的情况下，准确地找到突破口，并顺着这个突破口采取正确的行动方式，让如此逆风的局势得到翻盘的可能。

顺着这个突破口，玄烨不断等待着几股叛军之间出现矛盾，从而顺势恩威并施，一边打一边招降，继续提升自己的优势，获得了极大的战果，扭转了战争初期的劣势局面。

职场案例

你所在的公司一直有一个很强劲的竞争对手A公司，然而A公司居然在前两个月宣布破产。对此公司决定召开会议，讨论对方公司破产的原因，防止自身出现同样的问题，并由你报告内容。你经过一段时间的调查，收集了如下信息：

1. A公司去年曾整合过客户资源，将老员工的固定客户重新分配。

2. A公司一直致力于企业转型，发展5G时代的互联网经营模式，为此投入了大量资源。

3. A公司上季度曾收购大量资产不良的中小企业，占据庞大的市场份额。

4. A公司今年在海外成立多个办公室，试图拓展海外市场。

案例分析

首先，根据已经获得的信息，我们梳理信息之间的逻辑关系并建立金字塔模型。

A公司能够收购中小企业，并成立海外办公室，所以其资金实力应该是十分雄厚的。但是从整合客户资源，以及发展互联网经营模式这两个举措来看，A公司应该是陷入了企业经营的困境，试图通过升级转型来突破困境。然而对于已经相对成熟的大规模企业来说，转型是非常困难的，所有的行动都有可能引发连锁反应，很容易让公司出现更多的问题。

根据时间顺序来看，A公司应该是很早就出现了发展瓶颈的问题，所以才转变经营模式，整合客户资源。但这两个举措的效果应该都不是很理想，否则不会在上季度又通过收购不良资产来扩充市场。至于在海外成立办公室，则属于病急乱投医的行为，显然是想通过向海外市场倾销商品来缓解企业危机。

那么通过以上分析，我们根据实际情况，使用“时间顺序”的思考方式，可以得出一个初步的金字塔框架。

金字塔尖：突破企业发展瓶颈。

金字塔第二层：转变经营模式，拓展市场份额。

金字塔第一层：发展互联网经营模式，整合客户资源，收购中小企业，成立海外办公室。

显然，在这个金字塔模型下，A企业并没有达到他们预期的目标。根据其结果，我们又可以按照“结构顺序”进行思考，去看每个基本条件所造成的问题，又可以得出一个对应的金字塔模型。

金字塔尖：企业破产。

金字塔第二层：转型激进，缺少规划，盲目拓展市场，资金链断裂。

金字塔第一层：发展互联网经营模式破坏公司稳定，整合客户资源损害老员工利益，收购不良资产成本过高，海外办公室占用资金。

到这里，我们已经建立了A公司破产的完整金字塔模型，并且正确使用了思考顺序，为我们厘清了思路。由此，你可以在会议上做出如下内容报告：

A公司作为我们的竞争对手，一直以资本雄厚著称，其庞大的规模和稳定的运行一直让我们难以与其争锋。然而即使如此，A公司还是在两个月前，因为在转型产生的一系列问题中宣告破产。其中出现的问题，值得我们深思。

众所周知，5G时代的到来，被众多陷入发展瓶颈期的企业当成了救命稻草，但是在完善的转型计划和成熟的应用模式出现前，急功近利的转型必定会使企业成为牺牲品。A公司作为牵一发而动全身的大企业，激进地发展互联网经营模式，甚至不惜损害老员工的利益，已经为其破产埋下了众多的隐患。

当企业转型出现问题之后，A公司又采取了错误的方式去处理，即企图通过收购中小企业以及拓展海外市场的方式，来转移在企业转型中出现的问题，以至于在盲目的市场拓展中拖垮了原本稳定的资金链，最终导致了企业破产。

章节总结

1. 在解决一个复杂问题的时候，可以使用多种思考顺序帮助我们找到解决办法。

2. 在使用多种思考顺序的时候，注意每次分析都是单独使用一种顺序的，而非将思考顺序同时使用，否则将得出一个混乱的结果。

3 三藩之乱（下）

——对“非理性”信息的处理

随着玄烨的成长和整个战局的变化，玄烨在三藩之乱这场清代初期的巨大危机中成功扭转战局。然而，这并不意味着三藩之乱已经全部结束。三藩之中势力最大的吴三桂，仍然在努力和玄烨战斗着。吴三桂最后独自抗战玄烨时所展现的智慧与其中的变化，仍然可以带给我们极大的思考与启发。

那么，就让我们来到这场三藩之乱的尾声，离开玄烨的视角，来到吴三桂的困局之中，看看他到底为什么没有破阵成功吧。

经典案例

上一节我们说到，随着耿精忠、尚之信等人的投降，吴三桂开始了他的孤军奋战生涯。严格来讲，吴三桂的孤军奋战还是非常不一般的。因为就在失去了两大盟友之后的康熙十七年（1678年），我们的老吴大哥，他居然称帝了！

按理说以他的身份，最好的方式应该是利用当时的社会矛盾，高举反清复明的大旗，让百姓箪食壶浆以迎王师才对，称帝这种事儿压根儿就不应该跟他扯上关系。而且吴三桂本身就是以“兴明讨清”的旗号起兵的。就算他真的想称帝，最起码也得等到差不多统一全国的时候，然后在大臣和百姓各种请愿乃至以死相逼，演出一出吴三桂要是不当皇帝，他们就撞死在这大殿之上的传统戏码之后，再不情愿地、勉为其难地当个皇帝呀。现在当皇帝，那不是在打自己的脸吗？

吴三桂到底是不是真的迫不及待想当皇帝，我们是没有办法揣测的。但可以肯定的是，他这个脸是必须打的，因为吴三桂当年不仅是领着清军入关的明朝叛将，更是亲自下令杀了南明永历皇帝的凶手。以他这种作为和身份，用“反清复明”这个旗号实在是说不过去，对他来说这其实是一种极大的压力和折磨。

尤其是在康熙十七年（1678年）的这个节骨眼上，三藩的叛军已去其二，民心丧失，军心动摇。吴三桂与其抱着复明的旗号硬撑，不如直接称帝，多少还能提振士气和增强凝聚力。

不管怎么说，称帝之后的吴三桂的确是在相对劣势的情况下，恢复了一定的战斗力。同年六月，已经变身为大周皇帝的吴三桂，在都城衡州调兵遣将，大举攻占兵家必争之地——永兴，两战两胜，重创清军！

如果大家看地图就会发现，大周的都城衡州位于湖南省的中部，永兴位于湖南省的最南边。之所以说它是兵家必争之地，是因为永兴控制着湖南和广东的水路。

这时候可能有人会问，那广东不是平南王尚可喜的地盘吗？吴三桂从云贵地区起兵，应该从南往北打呀，怎么又调头南下呢？

这就得提到上一节中那个软禁自己老爹起兵造反却又半道投降的“大孝子”尚之信了。尚之信投降之后，玄烨为了让他戴罪立功，依旧让他承袭平南亲王的爵位，并且命他进军吴三桂所在的湖南。

但此时的尚之信仍怀有叛逆之心，并没有真的跟吴三桂作战，对玄烨的命令找各种理由推托。哪怕是吴三桂已经打进广东，他依然保持着观望的态度，按兵不动，颇有点儿坐山观虎斗的意思。

对于他这种行为，别说最后三藩之乱的胜利者玄烨，哪怕真是吴三桂成了最后的大赢家，也不可能轻饶了尚之信。

于是，我们的老吴大哥不惜两线作战，在攻占了永兴之后，凭借着丰富的战斗经验和军事素养，开始将兵锋指向广东和广西，明摆着就是要先把尚之信给处理掉。因为广东的尚之信一直没有发兵，所以这段时间里，吴三桂的计划进展得还算顺利，基本上都快收复了广西全境。

在此之前，吴三桂的媳妇张皇后去世了。这场突如其来的变故，让身为性情中人的吴三桂遭受了不小的精神打击。而到了康熙十七年（1678年）的盛夏，炎热的天气也在不断考验着吴三桂年迈的身体……

于是在这一年的八月中旬，过度的焦虑、盛夏的酷暑，以及几十年征战留下的旧伤，终于还是夺走了吴三桂的生命。在仅仅做了五个多月的皇帝之后，吴三桂离开了这片他无比热爱并曾经努力奋斗过的土地。

随着吴三桂的病逝，形势突变，叛军群龙无首，众心瓦解。尽管有其孙吴世璠继承帝位，仍然努力与清军作战，但毕竟大势已去，最后的抵抗也只是困兽犹斗罢了。

与此同时，广东的尚之信终于不再观望，主动跟朝廷请缨参战，被封为奋武大将军进军广西。康熙十八年（1679年）二月，尚之信所部一直将叛军追至横州，算是展现了他还算可以的军事能力。

直至康熙二十年（1681年），清军围困昆明，穷途末路的吴世璠自杀，其部众出城归降，这场持续了八年之久的三藩之乱终于被平定。

至于那个反复横跳的尚之信，也在康熙十九年、三藩之乱结束前夕，被部下揭发谋反后被玄烨赐死，也算是自食恶果。当然了，玄烨同样没有忘记同为三藩的耿精忠，这老哥投降之后同样被部下揭发谋反，最终难逃一死。

总之，对于年轻的玄烨来说，三藩之乱的平定，是他在位期间一个里程碑式的成就，他不但将清朝初期的遗留问题解决得十分彻底，而且还沉重打击了国内的反清势力，稳定了清朝的统治。

不过后世也有很多学者认为，三藩之乱实际上就是由于玄烨盲目撤藩引发的灾祸，是玄烨将吴三桂逼上了绝路。如果当初他没有那么激进，这场长达八年的战乱或许可以避免。

对于三藩之乱这个历史事件，史学家向来有着很多的论证，无论是这场事件的起因还是结果，从事件双方的立场和行动出发，都存在着很多的猜想。那如果我们跳出历史，单纯看这个事件中的权谋智慧，再使用我们之前所学到的金字塔原理，是否能为吴三桂找到破阵方法呢？

从主角吴三桂的角度出发，不难看出，作为整个三藩之乱的发起者和主导者，他坚持到了最后，甚至可以说如果不是身体原因导致他去世，或许这场三藩之乱还存在逆风翻盘的可能。

所以，我们就做一个这样的假设：吴三桂的身体状态一直很好，他该如何破阵？同样的，我们先来罗列吴三桂去世前的基本信息。

1. 四面受敌，耿精忠、尚之信投降，盟友几乎损失殆尽。

2. 多年的战争，导致吴三桂失去了很多的支持，战争物资紧张。

3. 吴三桂仍然有一战之力，永兴的两场战斗就是最好的证明。

4. 投降后的叛军，仍然抱着观望的态度，没有立刻投入战斗。

5. 吴三桂所占据的云贵地区地势险要，清军无法轻易占领。

由此，我们进一步提炼基本信息，可以得出结论。

根据1、4可得：投降清军的盟友还在犹豫，在观望吴三桂和清军谁的优势更大。

根据3、5可得：尽管失去了盟友，但吴三桂仍然可以和清军进行战斗。

从这两个结论来看，投降清军的盟友对吴三桂既没有帮助，也暂时不会产生威胁。于是，问题的关键就来到了基本信息2。实际上他也意识到了这个问题，只是在历史上，吴三桂可以说是走了一步臭棋，选择了称帝这一条路，导致自己丧失了获得政权的合法性。即使他没有死，也会因为双方的僵持，把自己的势力消耗殆尽，几场局部战争的胜利并不能带来任何的改变。

那么我们只能再度假设一下：吴三桂身体很好，且没有选择称帝，而是选择了别的手段，是否有可能实现破阵呢？

显然这才是问题的关键，分析吴三桂称帝前的局势，可以看出，那时他要做的便是针对基本信息2，想办法寻找更多的支持。

1.此时距离南明灭亡，不过30多年，支持明朝的势力和民族依然存在。

2.吴三桂的力量还能够在局部给予清朝重创，获得相应的胜利。

3.朝廷始终担心自己的正统性，所以忌惮明朝的残余势力。

从以上这些内容，我们不难看出，吴三桂当时实在是不应该称帝，而是应该着手整合还能够成为盟友的势力，并依靠自己现阶段的胜利获得相应的支持。无论是寻找一位明朝皇族的后人推举为皇帝，还是继续以之前的身份进行对清的抗争，都存在着很大翻盘的可能。

只不过，这样的行为需要极其强大的心理状态和对局势冷静的思考。在当时吴三桂所处的环境之中，他眼睁睁地看着耿精忠和尚之信投降，很难做出如此正确的决策，才会做出称帝这样错误的举动。

根据以上分析，我们便可以得到本节的第一个重要内容。

运用金字塔原理去分析和决策时，一定要考虑“非理性”的因素

金字塔原理作为一个科学的逻辑思考方法，固然存在着非常多的优势，但也存在着一定的局限性。那就是它始终基于一个假设，即所有人甚至是自己，都被视为一个“理性人”。

我们都知道人在决策时，会被很多事情所影响，以至于做出非理性的判断。就像本节中的吴三桂，如果不是因为盟友的相继投降，如果不是因为妻子的离世，影响了他的思想状态与身体状态，或许事情还会有不一样的发展。

对于类似的事件，历史上还有很多，我们再简单分析一个相关的案例。

东汉末年，关羽镇守荆州，并率军进攻襄阳，一路势如破竹、威震四方，展现出卓越的军事才能。对于自己的后方，实际上关羽也做了充分的防备。他命令糜芳和傅士仁镇守江陵与公安两处要地。其中糜芳是跟随刘备多年的老部下，也是刘备的小舅子，因为是“天使投资人”的关系，其兄长糜竺在“刘备集团”的地位甚至比诸葛亮还要高。

正常来说，安排这样的人镇守后方，可以说是一个非常正确的决定了。但谁也没有想到，就在这种情况下，东吴的吕蒙白衣渡江后，糜芳和傅士仁竟然因为担心自己的后勤供应不力，以及倒卖军器的行为被责罚，直接投降了。这一行为间接导致了襄樊之战的惨败，造成了关羽败走麦城最后身死的悲惨结局。

我们很难理解，为什么麋芳和傅士仁会在形势大好的情况下投降东吴。因为从各种事前和事后的角度去分析，这都是一件完全没有任何好处的事情，然而事情就发生了，这也就是我们所说的“非理性”因素。

由此，我们可以继续得出本节的第二个重要内容。

对于“非理性”因素，要以人本身进行分析

“非理性”通常都是由人的情绪产生的。那么如何把“非理性”因素也作为一个基本信息，使我们在运用金字塔原理进行思考时，避免出现失误呢？我们在罗列信息时，自然就要对信息中相关的“人”进行“非理性”的分析和预判。

从吴三桂的角度来说，他作为割据一方的势力，手下必然有许多出谋划策的幕僚。而他称帝的这一个“非理性”决策，如果能够得到充分的意见和阻止，想必也不会造成最后的失败结局。

从关羽的角度来说，让本就存在过违规行为的麋芳和傅士仁镇守后方，也是因为对这两个人的“非理性”行为缺少一定的预见性。如果能够派遣其他人对后方进行制衡性的管理，那么即使麋芳和傅士仁投降，想必后方不会如此顺利地落入吕蒙的手中。

以上内容，在我们运用金字塔原理解决实际问题的时候，都有着十分重要的借鉴和警示意义。我们在思考时，需要做更多的信息梳理与相关的准备，对“非理性”信息进行处理也是破阵的核心要素。

生活案例

你最近刚考完驾照，正在思考买一辆什么样的车。但毕竟预算有限，所以你既要考虑性价比和实用性，也要考虑自己和家人是否喜欢。而作为一笔重要的家庭支出，你的女友、父母和朋友也都给出了相应的意见。

父母：你刚考完驾照，开车难免会磕碰。如果买一辆新车，一旦剐蹭了就会心疼，不如先买个便宜的二手车，把技术先练好，以后再换一辆自己喜欢的新车。

女友：你得买个好看点儿的车，什么牌子无所谓，但要有天窗，要有智能中控系统，还要有倒车辅助、雷达和好的空调，最好还要有星空顶。

朋友A：买个合资车，性价比高。而且你得考虑省油的问题，或者你直接买个电车，那以后都省心了。别看现在好多车功能多，但花里胡哨的，其实都没用！

朋友B：我推荐你买国产车，现在国产的技术已经很成熟了，对于同价位的车，你能享受更多的功能。你也不跑长途，就是市区代步，要那些高端性能也没有用。

根据目前的情况，你该如何决策呢？

案例分析

我相信案例中的问题，是很多人在生活中都会遇到的问题，本质上就是一个“自我意愿”与“周围人意愿”相冲突时，该如何处理的矛盾。根据本节的内容，我们可以知道，在围绕着“人”出现的条件与信息时，往往会出现很多“非理性”因素。

那么我们不妨根据几个人所说的内容，进一步挖掘他们“非理性”因素出现的原因，以便我们思考该如何考量他们的建议以及自己到底该如何决策。

父母：从整体的经济方面，给你相应的建议。

女友：从使用的满意度与舒适度方面，给你相应的建议。

朋友A：从未来的使用成本方面，给你相应的建议。

朋友B：从当前的实用性方面，给你相应的建议。

通过这一轮的分析，我们不难发现，之所以说这些意见存在“非理性”因素，是因为他们的意见都是从假设自己就是你的角度给出的，阐述你应该怎样去做决定。可实际上，他们是无法理性代入你所需要的角度的。

可能，你所需要的只是一辆能代步的车，或者是你就是喜欢性能更好的车，或者是更加智能的车、更加省油的车……

因此，对于存在大量“非理性”因素的信息时，我们能做的就是深挖其“非理性”因素出现的原因，进而把这些原因与自己的预期进行对照。

例如你只是想要一辆能代步的车，那父母的“非理性”建议就符合你的预期，等同于理性建议。如果你想要的是更加智能的车，那么女友的建议就符合你的预期，等同于理性建议。因为在你的预期基础上，这些相应的内容都是在丰富和完善你的预期，不再是一种信息感染，而是一种帮助你决策的基本信息。

章节总结

1. 运用金字塔原理分析和决策时，一定要考虑“非理性”因素。

2. 对于“非理性”因素，要以人本身进行分析。

4 推恩令 汉武帝

——顶级阳谋的使用

在历朝历代的权谋较量之中，精彩的智慧交锋数不胜数。然而其中往往是“阴谋”较多，精彩的“阳谋”相对较少。之所以出现这种比例失衡的情况，是因为使用阳谋所需要的智慧和条件更为苛刻。不过也正因如此，阳谋相较于阴谋，通常会呈现一种即使对手已经明白这对他不利，但他仍然无法破解，只能顺着走下去的神奇效果。

如果我们能通过金字塔原理了解阳谋的运用和设计原理，那么对我们解决问题以及破局时所采取的破阵行动，都有着非凡的意义。下面我们便要回到汉朝，看看汉武帝面对和玄烨同样的困境时，如何运用一个顶级阳谋化解一场亘大的政权危机吧！

经典案例

秦朝作为华夏历史上的第一个大一统中央集权的封建王朝，存在的时间并不长，很快就被刘邦所建立的汉朝取而代之。汉高祖刘邦登基之后，随即面临一个非常棘手的挑战——如何处理中央集权和地方分权的问题。

对于他来说，也有一些经验可以借鉴。比如周朝“封建亲戚，以蕃屏周”，不仅分封功臣猛将，还分封大量的宗亲，一起来拱卫周天子。

再比如秦朝废除分封制，实行郡县制，划分各个行政区，从中央派遣官员进行管理。

当然，我们作为后来人，明白郡县制比周朝的分封制先进很多，但刘邦没有这样的上帝视角。从刘邦的角度来看，他只能看到周朝的分封制存在了约八百年，而秦朝统一六国之后，才存在了十四年，这换谁都会觉得秦朝的郡县制有问题。

不过，汉高祖刘邦毕竟不是一般人，他仍然看到了郡县制存在一定的优势，因此他选择了一个折中的办法，那就是“郡县与分封并行制”。整个国家既有被分封的诸侯国，也有直接隶属于中央的郡县行政单位。这也为我们后来的故事，埋下了隐患和改变的契机。

时光匆匆，很快来到了汉景帝时期，这时候的汉景帝已经意识到各诸侯国的势力越来越大，就想削弱各诸侯国的势力，结果因为没有控制好节奏，造成了诸侯国的反叛，进而爆发了历史上著名的“七国之乱”。尽管战乱很快就被平息，也在一定程度上削弱了各诸侯国的力量，但中央和地方的矛盾依然十分尖锐。

汉武帝继位后先是凭借着铁血手段，带着卫青、霍去病、李广等一批名将，击退了北方的匈奴，暂时解决了外患。随后他矛头一转，就开始解决内忧。不过这对内的整顿，跟对外可不一样。对于匈奴，你可以让军队猛追猛打，对内你总不能带着人挨个去打诸侯国吧？

首先人家没犯错，你拿什么理由去讨伐人家？就算人家有错，那也是当年高祖皇帝分封的刘氏子孙，算起来都是你的长辈，这还没传几代呢，血缘关系都还不算远，你再怎么铁血手段，也不能随便找点碴儿就跟人家干架吧？

退一步说，就算你真的六亲不认，决心要把所有诸侯国都打没，那还有一个最重要的问题——咱们大汉朝的日子还过不过了？匈奴可还没有被完全打服呢，如果匈奴来个乘虚而入，那可就真是赔了夫人又折兵了。

所以，解决内部问题是绝对不能开战的，必须要用和平的方式解决。这时谋臣主父偃站了出来，他给汉武帝提了一个非常特殊的策略。简单来说就是，打这帮长辈肯定是不行的，但是赏他们还不行吗？而且这个赏啊，他们还得高高兴兴地接受，不接受都不行。

没过多久，汉武帝刘彻就向各诸侯国下达了重要的政策文件，主要内容就是：

朕现在把匈奴打得很惨，大汉发展得越来越好，这国富民强的时候当然不能忘了咱们刘家自己人。以前咱们这些诸侯国的王位，都是嫡长子世袭的，也就是只有正妻生的大儿子才能拥有继承老爹财产和爵位的权利。这怎么能行呢？都是我刘家的兄弟姐妹，这项权利大家都要有份！

不如就这样，以后嫡长子可以继承王国一半的土地，其他儿子平分剩下的一半。等到下一代，嫡长子继续继承一半的一半，以此类推，大家不就都开心了嘛。这是我对我们刘氏子孙的莫大恩泽，那么这个政策就叫“推恩令”吧！

“推恩令”出台之后，在各诸侯国之间掀起了轩然大波。这些王都聪明着呢，稍微一想就能明白，照着这个分法，自己王国的土地用不了几代，就会越分越小。说不定到了最后，后代的王子王孙都有可能沦落到在街上卖草鞋的地步！朝廷的目的不就是削弱诸侯国的势力嘛，这也太明显了！

可是，尽管人人都知道“推恩令”的目的是什么，但是没有一个诸侯国敢去反抗。因为抵制“推恩令”所要面对的阻力，全是来源于自家除了嫡长子以外的那些儿子啊！

要知道，原来这些人可是没有继承权的，但现在朝廷已经给了政策，让他们也能获得土地和财富，那他们势必会和朝廷站在一起维护自己的合法权益。尽管这些儿子们也知道这么分下去，自己得到的土地也会在几代人之后被分干净。但是肉都送到嘴边了，又怎么可能忍住不吃呢？于是，这个中央集权和地方分权之间的封建王朝固有的矛盾，就这样和平解决了。

“推恩令”向来被称为中国古代四大阳谋之一，也是古代权谋智慧的顶级案例。所谓的阳谋，指的就是在不影响和依赖他人的前提下，根据现有条件因势利导，光明正大地调整资源配置，以达到更好的总体结果或实现更高的目标。也就是说，阳谋一定是公开的、透明的、不怕被揭穿的，即使被识破，也能达到破阵的效果。

照例我们先对案例中的内容进行基本信息梳理与分析，构建出一个相应的金字塔模型。

顶层问题：如何加强中央集权并削弱诸侯势力？

分解问题：

1. 诸侯国世袭罔替会一直存在，且势力会越来越强。

2. 想要防止诸侯国势力越来越强，那么就要剥夺其世袭的权利。

3. 直接剥夺世袭的权利，显然不可取，这会激化诸侯国与中央的矛盾。

4.因此只能采用分解的方式，弱化其世袭的权利。

分析到这里，推恩令的基本思路便已经出现了，我们要做的就是对上述4个问题继续分解，从而展开更加清晰的思维过程。

“1”的分解：世袭罔替的基础是嫡长子继承制度，这种制度维护了诸侯国长久的存在与稳定。

“2”的分解：世袭的权利围绕着嫡长子展开，但嫡长子的世袭权利不可被剥夺，因为皇帝的继承也遵循了嫡长子继承制度，这是封建王朝稳定统治的基础制度。

“3”的分解：诸侯国感受到自己的权力被弱化，极有可能会反抗，所以一定不能形成地方与中央的对抗关系。

“4”的分解：分解世袭的权利，不能直接改变嫡长子继承制度，但可以通过修改嫡长子继承制的相关内容削弱诸侯国的力量。

通过这样一番基于金字塔原理的思考之后，我们可以发现，问题的突破口就是对“嫡长子继承制度”进行一定的修改。随之，整个问题也来到了最关键的部分，也是“推恩令”能够成为古代四大阳谋之一的关键步骤。

一旦中央颁布了对嫡长子继承制进行修改的法令，那么势必会让诸侯国产生抵抗的情绪。因为无论如何掩饰，都无法掩盖中央要对地方进行削弱的意图。既然如此，那么只有让诸侯国即使知道朝廷的目的，也无法抗拒这个命令。

显然，想要让对方不去抗拒，最好的办法便是给予其无法拒绝的利益。而与嫡长子继承制相对立的，必然就是非嫡长子这个庞大的群体。由此可知，非嫡长子也有继承权，必然会极大地削弱诸侯国的世袭体制。又因为非嫡长子可以获得更多的利益，因此这条命令也必然会被顺利推行下去。这便是“推恩令”的内在逻辑，以及其诞生的思考过程。

通过以上分析，我们不难看出，运用金字塔原理中对问题的拆解思维，我们便可以得到本节的核心内容。

阳谋的内在思维过程，便是金字塔原理拆解问题的思维过程

我们可以举一个生活中的常见案例。比如超市或商家为了推出新的产品和服务，会分发优惠券以及代金券，这便是典型的阳谋。我们明明知道这是商家的营销手段，但面对眼前的优惠活动，还是会进行尝试。

其内在的思维过程便是，将“如何对新产品进行营销”这个问题，分解为“只有用户对新产品产生认识和体验，才会形成稳定的消费”，继续分解之后便能得知“用户需要获得相应的利益，才会有认识和体验产品的动力”，由此可知“通过发布与产品相关的优惠券，便可以让用户主动对产品进行消费”。

职场案例

你所在的公司最近陷入发展困境，产品销售量始终无法突破。你认为在这样的情况下，可以利用当下流行的直播电商模式进行产品的宣传和销售，并逐步弱化传统的分销渠道。因此你需要做一个具体提案。已知信息如下：

1. 公司的产品价格较高，主要是因为运输成本过高。

2. 公司已经成立多年，分销渠道已经成熟，且形成了固定的产业模式。

3.公司产品知名度仅仅局限于省内。

案例分析

对于这个案例，我们要明白一点，即直播电商模式的成本相对较低，且产品宣传和销售可以一体化解决，能够极大地为企业带来销售量的突破。但也有一定的局限性，即受外界因素影响较大，存在一定的不稳定性。

对于企业营销方案的调整这一问题，可以采用“阳谋”的方式去解决，思考的方式也自然就是本节的“使用金字塔原理进行问题拆解”的思维方式。明白了这一点，我们就可以根据案例中的信息形成金字塔框架。

顶层问题：采用直播电商模式进行产品的销售，逐步弱化传统分销模式。

拆解顶层问题：传统分销模式成本高，直播电商机遇与风险并存。

继续拆解其中的问题：分销过程中产生大量运输费用，产品局限于省内，无法突破销量，直播电商销售成本更低，直播电商存在一定的不稳定性。

最后根据金字塔模型，我们需要重新对整体逻辑的顺序进行排列，形成一个完整的职场提案。

根据公司近期产品销售量情况，我认为应当引入直播电商模式，拓宽产品销售的范围，达到增加销量的效果，并根据销售情况，逐步弱化传统分销模式。

传统分销模式存在的问题：由于我们的产品性质特殊，运输成本较高，而传统分销模式通常会增加产品的运输环节，因此造成产品价格高、利润低的问题。且目前我们的分销渠道都局限于省内，所以限制了销量的增长。

传统分销模式的固有优势：传统的分销渠道已经形成了成熟的产业模式，具有很强的稳定性，受外界因素影响较小，能够在大多数情况下保证公司的正常发展。因此必须保留出足够比例的传统分销模式，以维持公司的资金链。

直播电商的机遇：在当前市场环境下，直播电商拥有更快捷且低成本的销售及宣传模式，有助于更快地将产品推向全国市场，打开销量。

直播电商的风险：存在一定的不稳定性，如果过度依赖直播电商，会加大企业运行的风险，且容易打破企业原有的销售模式，造成资金链断裂等严重问题。

因此，我提议公司可以采取直播电商的方式进行产品的销售，并在新模式和传统分销模式间维持平衡，保证公司在平稳运行的基础上，实现销量突破。

章节总结

1. 阳谋是指在不影响和依赖他人的前提下，根据现有条件因势利导，光明正大地调整资源配置，以达到更好的总体结果或实现更高的目标。

2. 阳谋的内在思维过程，便是金字塔原理拆解问题的思维过程。

5 龙威怎探 刘基

——用语言打破困境

在本节之前，我们通过古代顶级的权谋智慧故事，展现了在“逆风”局势中，应该如何运用金字塔原理实现翻盘、破阵。在很多时候，尤其是在职场环境中，我们作为下属，本就处于“逆风”局势。而在这种情况下，我们不仅需要拥有清晰的思维，还需要拥有更加富有智慧的语言表达方式，才能解决相应的问题，实现在工作中的破阵。

那么在这一节中，让我们就跟随明代顶级打工人刘基，也就是刘伯温，看看他是如何用语言打破职场困境的。

经典案例

刘伯温是明代著名的政治家，向来被称为中国历史上的第二个诸葛亮，然而他在晚年的境遇并不好。一方面是因为他摊上了朱元璋这样一个绝无仅有的千古帝王，另一方面则是因为他在一次关键的对话中犯了一个极其严重的错误。

洪武初年（1368年），朱元璋平定天下后，大封功臣，李善长被任命为丞相。后来，朱元璋觉得李善长结党营私，做的很多事都令他不满意，想换掉他，可又找不到合适的人选。朱元璋发现满朝文武都拉帮结派，对谁都不放心，其中当然也包括刘伯温，但还是想试探试探他。有一天，朱元璋私下找到刘伯温聊天，刚开始，双方都在聊些家长里短，气氛也很和谐。正当两人聊天的气氛十分愉快轻松的时候，朱元璋突然有意无意地问了一句：“你说如果换掉李善长，那咱大明的人里面，谁可以做丞相呢？”

刘伯温是多聪明的人哪，从谈话的一开始他就知道，今天“老板”找他谈话肯定没那么简单，所以立马警觉起来。

当时朝廷的局势十分复杂，大明刚刚安定，功臣元老一大堆，在历朝历代之中，这些人都是影响政局稳定的重要因素。而对于朱元璋来说，那些武将还好，都是跟自己出生入死的兄弟，可是那些文臣呢？

谁都知道，朱元璋虽然有雄才大略，但出身草根，本质上是个没接受过正常教育的大老粗。这帮文化人又太聪明，谁知道这帮人到底有没有谋划着什么鬼主意？

因此，对于丞相的人选，朱元璋一直十分慎重，实在是这个职位权力太大，无论给了谁，都势必会带起一大串的势力和人物，很容易威胁到皇帝的统治。可偏偏这个职位，还只能给这帮聪明的文化人去做，这怎能叫他不心忧呢？

刘伯温自然清楚朱元璋的这些想法，于是同样随意地说道：“丞相人选这么大的事，我是没法说的，这得陛下您亲自决定才行啊。”

按理说，这个答案非常标准，直接把自己撇了出去，还维护了皇帝的权威。可朱元璋又继续问道：“你觉得杨宪这个人怎么样，他可以当丞相吗？”

听到这句话，刘伯温吓了一跳，因为杨宪是他一手提拔起来的，问他杨宪行不行，这就是明摆着要自己给一个明确的态度啊，稍有不慎，自己可能立刻就会死无葬身之地！

但问题是，自己提拔起来的人，也不能直接说这人没能力，否则，就是变相打了自己的脸。于是，刘伯温慎重地回答道：“杨宪这个人吧，当丞相的能力是有的，但俗话说宰相肚里能撑船，他没有丞相的气量，所以他当不了。”

不等刘伯温松一口气，朱元璋的第三个问题又来了：“那汪广洋这个人怎么样？”

朱元璋之所以这么问，是因为他怀疑刘伯温私下里和汪广洋有勾结，因此试探完刘伯温的得意门生之后，紧接着就问了这个问题。

刘伯温肯定知道朱元璋的用意，因此把自己撇得干干净净，立刻回答道：“这人不行！没什么高的才学，各方面都很浅薄，是当不了丞相的！”

看吧，朱元璋觉得刘伯温和汪广洋有勾结，刘伯温则直接把这人贬得一文不值，那你说刘伯温可能跟汪广洋有勾结吗？眼见刘伯温的回答如此无懈可击，朱元璋也露出了满意的神情，又问出了第四个问题：“那胡惟庸这人怎么样？”

说起胡惟庸，我们站在后世的角度可以知道，当年朱元璋废除丞相制度的契机就是胡惟庸案，所以朱元璋是知道胡惟庸是什么样的人的。而刘伯温同样给了朱元璋一个满意的答复，说道：“胡惟庸现在干得还不错，也展现了他应有的才能，但是他将来肯定不满于此，一定要干点什么事儿出来！”

连续回答了这么多问题，刘伯温紧绷的神经终于放松下来，觉得“老板”对自己的试探应该已经结束了，自己的回答没有任何问题。

但谁能想到，朱元璋又问出了第五个问题，而且当这个问题问出来之后，刘伯温才明白，原来之前的那四个问题都是铺垫，这第五个问题才是最致命的，也是朱元璋这次谈话的最终目的！

只听朱元璋叹了一口气，十分痛惜地感慨道："没想到啊，我大明这么缺人才，看来这个丞相的位置，只能先生您来坐了……"

对此，刘伯温依然保持着自己的思路，他缓缓地说道："我这个人疾恶如仇，又不耐烦处理繁杂事务。天下何患无才，皇上还是慢慢挑选吧。"

严格来说，对于这个问题，刘伯温的回答仍然称得上无懈可击，他并没有说自己不行，否则就是打皇帝的脸。并且他也给出了相应的理由，让皇帝有了一个台阶下，同时表现出自己并不贪恋丞相的权势。

但是他忽略了一个很重要的问题，那就是朱元璋他的第五个问题还有一个更加深层的意思——你到底能不能为我所用？

丞相这个职位你可以不做，但你始终把自己撇得这么干净，还说什么自己疾恶如仇，那你告诉我谁善谁恶？

就这样，怀疑的种子已经在朱元璋的心中埋下，任凭刘伯温再有才华，朱元璋也不想重用他。从那以后，朱元璋就与刘伯温彻底决裂了。

洪武四年（1371年），朱元璋赐刘伯温告老还乡，直到这个时候，刘伯温才明白，在那天的对话中，他彻彻底底地失败了，他最好的结局就是好好回家颐养天年。

相比于第一章的那些纵横家们的慷慨陈词，刘基的言语并不多，然而其中所蕴含的逻辑思维十分值得我们思考。他所面对的困境以及破解困境的方法，蕴含着和顶级权谋对抗的超凡智慧。

首先，我们梳理一下故事的基本背景。正如前几节所说，中国古代的封建王朝一直存在着两大基本矛盾：一是中央集权和地方分权的矛盾，这在前几节中已经提到过多次，在此就不赘述了；二是皇权与相权的矛盾，延伸出来则是皇权和整个文官集团的矛盾。

皇帝作为封建社会的最高统治者，要解决国家所面临的一切问题。然而在生产力和通信手段都极其落后的时代，他必须将自己手中的权力分出去很大一部分，让其他有能力的人帮助他。而这部分人就形成了我们所说的文官集团，文官集团的领头人通常是我们所说的宰相。宰相帮助皇帝处理事务的过程中，可以独自决策很多事情，因此权势极大。如果宰相和其他文官形成势力团体，那么宰相的权力就会对皇权形成致命的威胁。

接着，我们看刘伯温所面临的朝廷局势，并依照惯例罗列出他所知的基本信息。

1. 我是文官集团的一员，并且是帮助大明王朝建立的功臣元老。

2. 皇帝对文官集团十分忌惮，因此格外留意文官集团是否形成了势力团体。

3. 皇帝对现在的丞相李善长并不满意，担心他的权势过大。

而根据以上内容，我们便能得出相应的结论：我不能让皇帝觉得我和别人形成了势力团体，必须独善其身才能存活。

因此我们看刘伯温面对朱元璋的问题时，他的一贯思路便是如此，相当于用了一个固定不变的思路来应对不断出现的问题。

面对“谁能取代李善长”时，他把问题抛给了朱元璋。

面对“杨宪可不可以”时，他说出自己门生的缺点，打消朱元璋的顾虑。

面对“汪广洋可不可以”时，他给予了充分的否定意见，打消朱元璋的猜忌。

面对“胡惟庸可不可以”时，他给予中肯的评价，迎合朱元璋的想法。

刘伯温对这四个问题的回答，让朱元璋十分满意，成功在逆风局势下破阵。这也引出了本节的第一个重点内容。

面对突发情况时，语言上要准备好固定的思维逻辑，并围绕着核心逻辑展开自己的内容

我相信很多时候，大家都会遇到类似刘伯温这样的情况，在没有充分准备的情况下，突然要回答或者讨论某些问题。俗话说祸从口出，我们人生中的很多意外和麻烦，都有可能是因为在某个节点或者事件上说错了话，因此我们必须重视。

那么如何在突发情况下，避免自己的语言出错呢？面对突发情况，我们必须学会在更短的时间里，提炼出一个固定思路，并且按照固定思路进行表达。而且这个思路的准备过程一定要简单，是确定好最直接的利弊关系后能够直接使用的。案例中，刘伯温的固定思路是只用了三个基础信息得出的，是最典型的。

需要注意的是，这个固定思路并不能直接达成某个目的，而是能在最大程度上保证我们的思路不出错。如案例中刘伯温的语言逻辑，他并没有想着如何在回答中让自己当上丞相，而是最大程度上保证自己不会因此遭受危险。并且在前四个问题中，他也的确做到了这一点，始终通过固定逻辑，表明自己的独善其身。

可是为什么，他在第五个问题中出现了严重的失误呢？那就涉及本节的第二个重点内容了。

面对突发情况时，需要在语言中寻找对方的思维逻辑并给予回应

任何人和我们说任何话，都带有自己的目的，而这个目的必然处于他自己的思维逻辑中。在准备好了固定思路的同时，我们一定要注意思考对方为什么要和你讨论这些内容。

案例中，在回答朱元璋关于“只有你能担任丞相”的问题时，他只是基于自己的固定思路给予了回应，却没有注意到朱元璋的这个问题其实隐含着另外的逻辑思考。这里我们可以从朱元璋的视角展开分析。

我是明朝的皇帝，我需要一个稳定的文官集团为我服务，但是对目前的丞相李善长，我不太满意，即使我不换他，也要找个人制衡他。刘伯温从各方面来说都是个合适的人选，但我还得试一试他。于是我问了他几个问题，打消了对他的疑虑，最后就看看他是不是愿意帮我做这个制衡丞相的人。结果他找了个借口，把问题又抛给我了，一副独善其身的样子，根本就不打算跟我做事，这让我还怎么用他？

根据以上视角变换，我们可以看出朱元璋的第五个问题是需要刘伯温给予一个明确的态度的。很显然，刘伯温在他之前的固定思路中，并没有考虑到这个问题。换句话说，当问题已经出现变化，刘伯温仍然抱着固定思路不做变化，这导致了他语言破阵的失败。

说到这里，大家可能会有疑问，不是说固定思路可以以不变应万变吗？这时候为什么就要变了呢？这其实就是上文提到过的“固定思路并

不能直接达成某个目的，而是能在最大程度上保证我们的思路不出错”。但很多时候，我们想要实现破阵，并不能只求不出错，还要主动去改变一些事情，尤其是在对方已经明确表明需要你表达某些态度的时候。这时候继续坚持固定思路，“不出错”反而会变成“错”。而想要避免这一点，就需要我们在“不出错”的固定思路的基础上，收集更多的语言信息，从而寻找对方的思维逻辑，找到破阵的方法，给予对方相应的回应。

了解这些之后，我们再看案例中的第五个问题，在前四个问题的铺垫过程中，如果刘伯温能及时找到朱元璋的语言信息，并找到其中的逻辑，就可以完成属于他的破阵。例如：

臣无心这丞相的权势（回答第一个问题已经表明了这个态度，此处强调一下，朱元璋是会相信的），但如果陛下有用得着臣的地方，臣自当肝脑涂地（根据朱元璋的思维表明立场），只是目前朝堂稳定，我大明蒸蒸日上，望陛下慎重考虑人选（继续给朱元璋作为皇帝的选择权）。

这样的回应便是在原有的固定思路中，分析对方的思维逻辑后给予的回复，本质上仍然保持原有的内容，但是因为加入了对方的思考内容，所以给出了对方想要的答案，既不会前后矛盾，也不会让对方产生猜忌。

职场案例

你所在的公司一直以来都存在员工提成发放比例不均衡的问题。作为核心成员的你，虽基本工资比较高，但提成比例很低；而其他从事销售的员工，基本工资虽然低，但提成比例很高。原本这是一个相对合理的安排，但随着公司业务的扩大，销售提成的比例已经上涨至基本工资的数倍。这种情况持续了几个月后，渐渐引起了很多人的不满，而你自然也有着同样的情绪。就在这种情况下，老板在周末私下找到你吃饭，并顺便说起了这件事，他问你："现在这种提成的分配方式，是不是让大家都挺不满意的呀？"这时你该如何回答？

案例分析

在职场中，关于收入的问题一直是非常敏感的话题。在这个案例之中，我们如何回答老板所提出的问题，显然关系到自己的待遇能否提高。在这里，我们可以简单分析一下。

老板在业余时间单独找你，且明确提出了这个敏感的问题，显然需要你对此表达一些看法。这种情况下，我们不能从自己的视角出发，而是要代入老板的视角去思考，那么这可能会存在三层意思：

1. 老板想通过你去打听公司内部的情况。但这显然没有必要单独找你出来，况且公司的情况老板是非常清楚的，因此排除。

2. 老板认为你是核心员工，因此想排除你的一些情绪，确保你能继续好好工作，同时希望以你为典型压制其他有负面情绪的员工。这存在一定可能。

3. 老板本就不满销售成员工资比例过高，但自己不方便调整，因此想把你作为突破口，通过你在明面上引出这个问题，从而进行改革。这也存在一定的可能。

根据以上分析，我们不难看出，我们的回答是可以通过"2"和"3"形成"固定思路"的。而相对来说，"2"可以保证我们在最大限度上不出错，因此可以做出如下回答：

现在这个情况吧，大家情绪肯定是有的。但是我觉得公司发展嘛，肯定会因为不同的阶段出现不同的问题。我现在是挺满意的，毕竟销售工作的收入不稳定，提成高是正常的……

通过这样的回答，我们可以进一步引出老板想要达到的最终目的，是“他只是想让你安心工作”，还是“他想通过你进行改革”？如果新出现的情况是后者，我们便可以根据“3”的固定思路进行回应和表态，实现这次的破阵。

章节总结

1. 面对突发情况时，要准备好固定的思维逻辑，并围绕着核心逻辑进行语言表达。

2. 面对突发情况时，需要在语言中寻找对方的思维逻辑并给予回应。